La publicidad moderna

De Bretton Woods a la Era Digital, 1945-1995

Fernando A. Roig

La publicidad moderna

De Bretton Woods a la Era Digital, 1945-1995

Ediciones Infinito

Roig, Fernando A.

La publicidad moderna : de Bretton Woods a la era digital, 1945-1995 / Fernando A. Roig. - 1a ed. - Ciudad Autónoma de Buenos Aires : Infinito, 2022.
152 p. ; 21 × 13 cm.

ISBN 978-987-3970-26-9

1. Publicidad. I. Título.
CDD 659.1

Colección Saber y comunicar

Idea y supervisión general: Cristina Lafiandra
Diseño gráfico: Karina Di Pace

e-mail: info@edicionesinfinito.com
http://www.edicionesinfinito.com
Buenos Aires, Argentina.

ISBN 978-987-3970-26-9
Hecho el depósito que marca la ley 11.723

Dedico esta obra
a mi hija Micaela
y mi hijo Juan Manuel.

A mis colegas,
docentes amigos
y alumnos
de tantos años.

«Cuando la sociedad moderna empezaba a ser industrializada, ¿para qué iban a idealizar el mundo griego? Somos de otra manera. No queremos la perfección absoluta. Eso está en la publicidad...»

GIANNI VATTIMO
(filósofo italiano contemporáneo)

Índice

Prólogo

La Publicidad es una herramienta de la Comunicación Social, que forma parte de la cultura desde hace décadas, no solo como un elemento crucial en sus interregnos comerciales, sino como una pieza fundante de conocimiento, difusión de ideas y contenidos en la sociedad capitalista.

Pierre Bordieu, el gran filósofo y sociólogo francés, citó en alguna ocasión, durante un reportaje del diario *Liberation* que: «El discurso es resultado de la reunión entre un *habitus* lingüístico y el mercado».[1]

Fernando A. Roig es un protagonista esencial del espacio comunicacional actual, habiendo sido formado fundamentalmente en la educación universitaria pública, contando con un desempeño profesional muy vasto, en destacadas agencias de publicidad internacionales, no solo en Argentina, sino también en el exterior. A la vez que conserva la gestión docente de esta actividad en prestigiosas universidades e instituciones terciarias, integrando asimismo los círculos de jurados de premiación disciplinar en forma permanente y es —fundamentalmente— una personalidad de referencia no solo ya en lo que a la comunicación social respecta, sino en el ámbito de la Educación.

La presente obra, *La Publicidad Moderna*, tiene entre sus virtudes, la de hacer un exhaustivo y a la vez dinámico

[1] Eribon, Didier: «Reportaje a Pierre Bordieu», en *Liberation*, 19 de octubre de 1982.

recorrido por la comunicación publicitaria de las últimas décadas del siglo pasado y de las del presente. No solo relata los atrayentes escenarios propios de esta actividad a nivel empresarial e institucional, sino a su vez desgrana de manera veraz y amena, las vincualciones del mundo y la cultura a nivel histórico, también como la difusión de marcas, productos y organizaciones. De tal manera, vincula más que acertadamente todo el acervo estructural que una sociedad genera, proyecta y modifica entre las relaciones que se dan en el ámbito de la opinión pública. Y, para el caso, como este proceso moldea en su constante devenir la articulación del Estado, gobierno, sector empresarial y clase trabajadora, sin soslayar obviamente, las conductas dirigidas al consumo, pregnadas inevitablemente de ideologías, manifiestas o latentes. La historia, no solo de referencia académica, sino la que los medios de comunicación difunden, está presente en este trabajo

En el acertado marco que Roig plantea en esa obra, se advierte que la comunicación publicitaria, como tal recorre desde los albores de la Revolución Industrial, las guerras mundiales del siglo XX y sus necesarias fases de posguerra, que dividen a un mundo marcado por lo económico, político, bélico y diplomático, pero manifiestamente ideológico desde lo comunicacional. El profesor Fernando A. Roig, ha plasmado en estas páginas, adecuada y brillantemente este proceso, que como la propia etimología de esta palabra indica, está en continuo devenir.

Andrés B. Monserrat

Relacionista público, periodista y docente universitario

Prefacio

No se puede entender el impacto de la publicidad en la economía, en la sociedad y en la cultura, sin analizar y comprender los escenarios políticos donde se gestan los mismos. Como sociedad en su conjunto, somos una resultante de la época que nos ha tocado vivir. La publicidad forma parte de dicho imaginario social y de sus relatos simbólicos.

Para ordenar la lectura, esta obra se divide en tres áreas de análisis: La problemática de la publicidad en sí y su relación con las representaciones sociales; el debate sobre la idea de lo moderno y finalmente aparece una retrospectiva histórica del trayecto evolutivo de la publicidad y su ligazón con Bretton Woods.

Este es mi tercer libro, que además del derrotero propio del quehacer de quien escribe, rescata tópicos de textos y exposiciones pasadas. Dicho material, es parte de apuntes, charlas y clases que he dictado en muchos espacios institucionales y académicos, fuera y dentro de mi país (Argentina). En esos ámbitos, siempre he planteado la cuestión que nos convoca en este libro. Asimismo, no es una obra que aborde la historia de la publicidad propiamente dicha. No es el cometido. Hay otros muchos escritos que se ocupan de la especie con diferente calidad, rigurosidad y factura. Como se comentó en los párrafos del comienzo, este ensayo pretende cubrir una faceta relativamente poco conocida, por no decir, incompleta o sin abordar. Es decir: las consecuencias derivadas de las decisiones tomadas en Bretton Woods para Occidente que resultó en nuevo orden económico en la segunda posguerra. En nuestro caso particular, nos focalizaremos en las repercusiones de estos acuerdos, específicamente, en el negocio publicitario de la aquella época. Y de tal modo, los efectos que se dejaron ver en las décadas siguientes.

Por otra parte, a diferencia de mis publicaciones anteriores,[1] esta producción no es de carácter técnico. Es un análisis socio-histórico que, pretenciosamente, quiere ser apenas, un nuevo eslabón que aporte otra mirada en la naturaleza de nuestra profesión. Subrayando además que, Bretton Woods fue una divisoria de aguas, un antes y después de la guerra en el orden geopolítico mundial que gravitó en la vida de millones de personas y sus estilos de vida.

Por otro lado, se aplican también a esta propuesta, conceptos desarrollados en el trabajo final de posgrado para mi Especialización en Ciencias Sociales con orientación en comunicación de la Universidad Nacional de Quilmes. Ese material se encuentra digitalizado y publicado en el repositorio de la universidad para quien desee leerlo. Asimismo, sumé contenidos de algunos otros *papers* realizados en su momento.

Desde mis inicios en la carrera, luego en la profesión y más tarde, en mi desempeño académico (gestión y docencia), advertí las numerosas transformaciones que ha experimentado la Publicidad. Obviamente, no fue una excepción en la propia dinámica del mundo. La comunica-

---

[1] Roig, F. (2002). *La comunicación directa: Nuevos enfoques, nuevos Escenarios*. Buenos Aires: Ed. de las Ciencias; Roig, F. (2011). *La Estrategia Creativa. Relaciones entre concepto e idea*. Buenos Aires: Ediciones Infinito; Roig, F. (2015). *Territorios y fronteras de la Publicidad*. Buenos Aires: Universidad Nacional de Quilmes (PDF). Ver ‹https://ridaa.unq.edu.ar/handle/20.500.11807/88›.

ción publicitaria no es ajena a los cambios sociales, como cualquier otra profesión o actividad humana. La Publicidad, es una rama de la comunicación en su conjunto. Su historia se remonta a poco más de doscientos años. Principalmente, se nutrió de un variopinto horizonte de sucesos que ha transitado la humanidad en los últimos dos siglos. Sobre todo, desde los días de la Revolución Francesa y la irrupción temprana de la Revolución Industrial de fines del siglo XVIII.

Los procedimientos, estrategias y tecnologías, siempre se han aggiornado a las exigencias, tendencias y contingencias. Por lo tanto, se hace imprescindible la actualización conceptual y el ejercicio del pensamiento crítico. Como afirmaba el filósofo Heráclito de Éfeso, 'el oscuro': *Lo único constante, es el cambio.*

De un tiempo a esta parte, la actividad publicitaria, no se cierne únicamente a la difusión de un producto, un servicio o una marca. Por cierto, superó el encasillamiento, que la suponía una comunicación con fines estrictamente comerciales. Ese perfil deviene de sus orígenes modernos. Es una concepción que aún persiste en muchos entornos académicos y profesionales. Y está bien que así sea, pues es su labor central, pero no olvidemos que también es aplicable a otro tipo de proyectos en términos de la comunicación social.

En tal sentido, posee una relación inseparable con la propaganda, donde se entrecruzan en linaje entre ambas y los espacios de acción. Su involucramiento en actividades de bien público, en campañas políticas o en el compromiso social —otrora terrenos un tanto ajenos— agrega un valor multidimensional en su campo de acción. Se suman mayores competencias en el desempeño del profesional publicitario. Un ejemplo de lo dicho, es el caso de organizaciones sin fines de lucro como: Creativos sin Fronteras, del Consejo Publicitario Argentino (CPA), la

Asociación Argentina de Publicidad (AAP), del Círculo de Creativos, la Asociación Argentina de Marketing Directo e Interactivo (AMDIA) y demás entidades nacionales e internacionales, características. Estas entidades, tratan a la comunicación publicitaria con una clara impronta filantrópica. Incluso vale destacar que, muchas agencias, desinteresadamente, aportan su tiempo y *expertise* en estas áreas de servicio a la comunidad. Dicha vocación, ha logrado romper con el confinamiento académico en cuanto a curriculas, programas y contenidos. A la postre, se logró aumentar las propias destrezas, aprovechando el aporte de innovadores y estrenados saberes. De tal forma, se perfeccionan las buenas prácticas del profesional.

Partiendo de esta premisa, a propósito, reflexioné sobre la idea de *lo moderno* y como se resignifica el discutido concepto en el propio campo disciplinar, pos 1945. Máxime, respetando como eje de mi trabajo, el título de este trabajo. Con lo expresado, «lo moderno», a la sazón, resulta una idea muy discutida, ambigua y dilatada. La historia da cuenta de ello. Aparecen enfoques encontrados y otros enfrentados. Es imprescindible hallar una posición convencional y equitativa en este maremágnum de definiciones y disputas un tanto bizantinas. Llegar a un acuerdo, sitúa y da sentido a la tarea de escribir la obra.

No quiero dejar de indicar al lector que, el estudio integral de la problemática publicitaria es siempre trasversal a las Ciencias Sociales y a las Ciencias de comunicación. En consecuencia, al momento de su análisis, se debe pensar la misma en solo corpus biplánico. Esto es, comprender a la Publicidad como objeto de estudio compartido por un lado y, en términos de interrelaciones de campos de conocimiento por otro. No olvidemos que básicamente, la Publicidad es una técnica específica de comunicación, donde intervienen variables socioculturales y económicas en su devenir diacrónico.

De tal modo, la finalidad, es realizar una exploración que sirva para ampliar la mirada histórica del actor publicitario y por carácter transitivo, asentar su identidad. En síntesis, hay que ordenar varias cuestiones para que *lo moderno y los cambios sociales que emergen luego de la segunda Guerra Mundial*, se articulen con la Publicidad de manera coherente y adecuada en el marco del período que se estudia. En este sentido, imperan preconceptos y definiciones monolíticas, referidas a lo epocal, a lo creativo y a lo tecnológico. Como si estas cuestiones, per sé, definiesen la disciplina. Solo reducen y obstruyen otras condiciones de posibilidad del fenómeno publicitario en el ambiente «moderno» o nueva modernidad, como me permito denominarla. Entonces es justamente aquí, que se abre un espacio de reflexión. Es una lábil frontera entre lo que entendemos por Publicidad moderna y Publicidad contemporánea. Esta categorización en el ensayo, otorga una medida razonada y sistemática a la narrativa.

De acuerdo a lo expresado, casi por inercia, se manifiesta la pregunta obvia: ¿qué se entiende por Publicidad Moderna? Desde el vamos, este breve ensayo crítico, procura responder el interrogante. Por otra parte, lo Crítico, aquí, vamos a entenderlo en su definición epistemológica. El vocablo deviene del griego, *krinō*: separar (en la antigüedad helénica, en la cosecha del trigo, se separaba manualmente la paja de la semilla). Separar y analizar un objeto parte por parte. En nuestro caso, la actividad crítica conllevará una exploración que destrabe cada cuestión relacionada a la Publicidad por separado. A saber: sus inicios, sus propósitos, como herramienta de comunicación, como factor de incidencia en las prácticas culturales y de consumo y, en la construcción de su influyente relato social.

El pensamiento crítico es una condición intrínseca a la naturaleza humana. En ocasiones es poco practicado, superficialmente promovido o simplemente censurado o dejado de lado. En su ejercicio intelectual, se intenta fijar —desde el análisis objetivo— un recorte en el objeto de estudio que, asimismo, se vale de una investigación rigurosa y sistemática. Advirtamos que no se debe confundir este concepto, con el de situación crítica. Ésta última, es un estadio en donde hay que tomar decisiones para revertirla. Tampoco se debe entender «lo crítico»[2] con el uso vulgar y cotidiano del término, en cuanto a: la acción de criticar, realizar juicios valorativos personales a priori, de carácter subjetivo-opinativo (pura doxa) y sin fundamento alguno.

Como propósito, por otra parte, se tratará de realizar una indagación particular que nos encamine hacia visión más precisa del acto publicitario y de su sentido en el quehacer profesional en la esfera de la comunicación. En correlación con lo señalado, siempre se trabajará en un recorte temporal: 1945-1995. Este período, lo abro con la Conferencia de Bretton Woods. Momento clave para el mundo. Insistiendo con lo antedicho, lo considero una bisagra en el siglo XX y un hito histórico de enorme trascendencia, ya que iba a establecer geopolíticamente hablando, un nuevo orden mundial.

Entre otras cosas, de alguna forma, va a delinear el destino del negocio de la gigantesca industria publicitaria en Occidente.

La obra llega hasta mediados de la década de los años noventa del siglo XX. Aquí, el lanzamiento de Windows '95 impondrá un nuevo paradigma en la sociedad de la información. Se irá la consolidando una nueva Era. Hay un derrotero científico detrás, con más de seis décadas de investigación y desarrollo en nuevas tecnologías.[3] Lentamente se erigirá un mundo entrelazado por redes

---

[2] Criticar: del griego *kritikós*, «capaz de discernir», derivado de *kritēs*, «juez», del verbo *krinō*, *krinein*, «juzgar».

[3] Nuevas Tecnologías: es una instancia superadora de la Revolución Industrial. Básicamente se comienza a trabajar en las mismas en el seno

sociales y entornos digitales. Con este mojón tecnológico, concluye mi tarea.

Es sustancial advertir que, elegí el período descrito en párrafos anteriores, porque es una etapa donde la publicidad se renovó y prosperó como nunca, gracias a los grandes avances alcanzados durante y posteriormente a la segunda Guerra Mundial. Se dio un giro copernicano en su estructura organizacional. Es un tiempo preciso que también va a gravitar en las industrias culturales y de entretenimiento. Además, afianzó la actividad y su enseñanza en universidades de todo el mundo.

Por otra parte, encuentro entre los años ochenta y noventa; la inserción de las discutidas y controversiales centrales de medios, ya que serían un nuevo jugador en el negocio publicitario. Las mismas, son empresas que gestionan para sus clientes la planificación y la compra de espacios publicitarios en los distintos medios de comunicación. Hasta hace unos años, el departamento de medios se encontraba siempre dentro de la agencia de publicidad o la empresa anunciante (AERCE. 2015). Es habitual y además su función que, la central independiente sólo se dedique a la compra de medios.

El gran crecimiento y penetración de las tecnologías multimedia en nuestra vida cotidiana, será inaugural en el dominio ubicuo de la publicidad. Es aquí —como se afirmó— donde la obra se detiene, desde el cuadro historiográfico.

Aprovecho este espacio para recordar al queridísimo Doctor Víctor Arancibia, una persona maravillosa, tutor de mi trabajo final de posgrado en la Universidad Nacional de Quilmes. Tristemente, se nos fue muy temprano. Una enorme pérdida. Su recuerdo siempre estará en mi corazón.

---

de la segunda Guerra Mundial. Comprende los campos de la ingeniería aeroespacial, investigación en biotecnología y genética, comunicaciones, informática, nuevos materiales y producción energética.

Cerrando este preámbulo, quiero destacar y agradecer al Lic. Andrés B. Monserrat, amigo y colega en la actividad académica, por prologar la obra.

Finalmente, aspiro que este material sea un disparador en el debate académico y un aporte erudito para estudiantes, investigadores, profesionales publicitarios y de áreas afines. Nunca está dicha la última palabra. Como dijo Galileo Galilei: *eppur si muove*.

Fernando Roig
Buenos Aires, septiembre de 2021

ACOTACIONES

Estimado lector: en dicha obra ustedes se encontrarán con vocablos en idioma inglés. Esto no es caprichoso, ni responde a una tendencia de época o a una moda. Cada disciplina, profesión o ciencia en el mundo, posee una lengua dominante en la aplicación de vocablos técnicos.

Esto viene ligado a los orígenes de cada disciplina. Por ejemplo, en filosofía la lengua dominante es actualmente el alemán (como antes lo fue el griego o el latín). La ciencia usa el latín convencionalmente para definir categorías de especies animales, vegetales, minerales, etcétera. Por lo tanto, la Publicidad, no escapa a esta particularidad. Al ser una disciplina que encuentra sus albores, predominantemente en los Estados Unidos y en la Inglaterra de la Revolución Industrial, es que aparecen términos en dicho idioma. Es léxico técnico convencional, que se ha incorporado, normalizado y naturalizado en el uso corriente de todos los publicitarios en el mundo.

Fernando Roig

Uno

Introducción: Publicidad y comunicación humana

Desde que los primeros grupos humanos poblaron este planeta y que alcanzaron la capacidad de articular un lenguaje simbólico, la comunicación fue adquiriendo múltiples posibilidades. Es una herramienta para describir el mundo; y de igual modo, para establecer el sentido de pertenencia al grupo y/o marcar la diferencia entre los diferentes colectivos. Gadamer,[4] considera que el lenguaje es «la esencia del ser humano» y que, como tal, es el medio a través del cual es posible que la comprensión tenga lugar entre nosotros. Es más, todo lo que puede ser comprendido es lenguaje. Para este filósofo, el mundo es constituido lingüísticamente y no puede existir nada más allá del lenguaje.

En este sentido, el lenguaje es clave en la construcción de las representaciones sociales. Moscovici define a las mismas como:

> «... un conjunto de conceptos, declaraciones y explicaciones originadas en la vida cotidiana, en el curso de las comunicaciones interindividuales. Esto equivale, en nuestra sociedad, a los mitos y sistemas de creencias de las sociedades tradicionales; puede, incluso, afirmarse que son la versión contemporánea del sentido común», (1981, p. 181).

Precisamente, la Publicidad va a trabajar sobre las representaciones sociales, y las va a adecuar a su propio discurso. De tal modo, va a generar cierta empatía con un público determinado. Por ejemplo: Cerveza Quilmes, para los argentinos no es cerveza. Es identidad. Representa un ritual,

---

[4] Hans-Georg Gadamer (Marburgo, 11 de febrero de 1900-Heidelberg, 13 de marzo de 2002) fue un filósofo alemán, conocido por su obra Verdad y método y por su renovación de la Hermenéutica. Fue discípulo de Heidegger y el más relevante de la época. Es autor de numerosos ensayos de estética y filosofía de la historia.

el encuentro con amigos. La excusa perfecta para concretar el rito de la reunión, tan incorporado y valorado por la cultura argenta. De igual forma, sucede en otras latitudes.

Como vemos, la articulación entre Publicidad y cultura, es compleja e inseparable a la vez. Fue siempre terreno fértil para una continua investigación y debate, tanto de defensores, como de detractores.

Las formas que adquiere un lenguaje y las múltiples expresiones de los hablantes de diferentes grupos sociales; son suturas culturales en un orden social u organizacional. La Publicidad, a la inversa, genera una ruptura en el orden convencional y social del lenguaje, porque propone sus propias normas y consecuente relato en esos espacios comunes de comunicación. La Publicidad genera un poderoso y unívoco relato, que se ajusta a las particularidades de cada escenario etnográfico.[5]

Por lo tanto, como vemos, en este universo, de innumerables producciones humanas, en algún momento de nuestra historia, aparece la actividad publicitaria con su propia estética. Su lenguaje especializado y sus estrategias de comunicación se orientan a generar un cierto grado de empatía con sus diferentes públicos y donde, además, se articula con prácticas identitarias locales, (Roig, 2015). Si se me permite el término, la polifuncionalidad de la comunicación humana fue creando especificidades en su evolución. Como afirmaba Watzlawick (1967): «es imposible no comunicar». Según el propio autor, junto a Jackson, Beavin y Bavelas, sostienen que la comunicación adecuada, depende que se cumplan una serie de

[5] La etnografía es una técnica de investigación social que estudia de manera sistemática la cultura de los diversos grupos humanos. Esta técnica de investigación consiste en observar las prácticas culturales de los grupos sociales y poder participar en ellos para así poder contrastar lo que la gente dice y lo que hace.

axiomas. En caso que alguno de ellos falle, pueden producirse malentendidos comunicacionales. La comunicación publicitaria, no es la excepción; por eso debe ser rigurosamente unívoca, ceñida a sus objetivos y en sus efectos sobre el campo social.

La Publicidad, conlleva un estilo (en su acción y comunicación) muy discutido y cuestionado. Lisa Block de Behar (1969), en su libro, *El lenguaje de la publicidad*, plantea que: «... el problema de las marcas (en los sentidos semiótico y publicitario del término) es el núcleo del lenguaje y del fenómeno publicitario». Por consiguiente, la publicidad, tiene tres ámbitos para desarrollar y aplicar sus estrategias. En esos estadios, es donde trabaja como andamiaje de las técnicas de marketing. La tarea conjunta, es resignificar conceptos con eficaces y eficientes propuestas de comunicación. La tríada mencionada, desde esta mirada publicitaria, se traduce en:

- **SOCIEDAD** = mercado.
- **ACTOR SOCIAL** = consumidor, público o *target* (según la estrategia a utilizar).
- **OBJETO A COMUNICAR** = producto, servicio o marca u otro tipo de proposición social o política, diferente de los tres objetos primeramente mencionados.

Su impronta, como técnica de comunicación comercial, ha marcado su itinerario hasta nuestros días. De este modo, logró un trascedente peso específico en la dinámica de la economía doméstica y mundial, sobre todo en la cultura occidental u occidentalizada como sucedió en el Japón de posguerra y en la Corea del Sur, desde los años '50.

La Publicidad, gravitó y gravita profundamente en el devenir de las prácticas culturales en los colectivos sociales. Se ubica en una posición ideológica preeminente, basada en el libre mercado y en la libre competencia de sus actores económicos. Con lo cual, el lector puede o no estar de acuerdo. Para el caso, podrá realizar sus juicios de valor *a posteriori*. Pero, esa es su exégesis natural y para la cual, es usufructuada exitosamente desde sus albores. Como se adelantó, este carácter singular de la disciplina, fundamentalmente, despega en el vertiginoso «progreso» industrial de fines del siglo XVIII y principios del siguiente. Dicho escenario de luces y sombras, trajo aparejado gradualmente, el nacimiento de la sociedad de masas, el crecimiento de las grandes urbes, la expansión de los mercados de consumo con productos elaborados y en paralelo, la lenta evolución de los *mass media*.

En la novela *Oliver Twist* de Charles Dickens, publicada en Inglaterra en 1839; se describen y se narran exquisitamente, momentos muy característicos de un súper poblado y caótico Londres industrial de aquel tiempo. Aparece una ciudad atestada de gente. El hacinamiento y los problemas derivados del mismo, mostraban una ciudad no diseñada para esa realidad. Allí, desembarcan y conviven colectivos sociales muy heterogéneos. Mayoritariamente eran campesinos emigrados del interior de la isla que, se concentran en la periferia londinense en busca de trabajo en las incipientes fábricas. Estamos en plena era victoriana. De igual manera, la escritora argentina, Silvia Iparraguirre en su novela con rigor histórico *La Tierra del Fuego*, describe un paisaje similar de aquel Londres de principios del siglo XIX (2001, p. 122-130).

Los siglos dieciocho y diecinueve, fueron ambientes más que fructíferos para el progreso de adelantos tecnocientíficos. Muchos de ellos, aplicados a la transformación de materias primas en productos elaborados, desplazando al proceso artesanal. Las líneas de producción y los productos derivados de éstas, iban a requerir de su obligada comercialización. La industria y el comercio, para su éxito, dependían de varios factores: de la explotación de

recursos naturales, el transporte, la detección de mercados de consumo, del diseño de embalajes preparados para su envío, de un packaging adecuado con su marca y de una eficaz logística de distribución para alcanzar los diferentes puntos de venta alrededor del mundo. Un caso testigo fue el whisky Johnny Walker. La historia de la marca se remonta a 1805 en Escocia, año de nacimiento del fundador de la marca, John Walker. Mas tarde su hijo, Alexander Walker continua con el negocio. Y, desde 1860 la marca adopta el envase rectangular. Se diseñaron botellas con bordes rectangulares para aprovechar mejor el espacio en bodegas y en la distribución. Eran envases de vidrio más resistentes a los golpes y traslados. Su morfología les otorgaba mayor resistencia. Un buen producto, un buen envase y una marca de excelencia, requerían de una buena comunicación que llegase a su público consumidor. Este este ejemplo, podemos entender como comienza a tener un rol trascendente, la elaboración y planificación de los anuncios que se publicarán en los medios de comunicación existentes en cada época. Recordemos que los primeros publicitarios se denominaban «agentes publicitarios» (gestores de anuncias en los medios).

De a poco se va estructurando el negocio de la comunicación comercial. En el principio, será un servicio básico de intermediación entre medios de comunicación y empresas anunciantes, sin mayores complicaciones. Este agente, como bien lo define la palabra, gestionaba la inserción del aviso de una empresa en un medio. Por ese trabajo este nueva figura empresarial de los medios recibía un honorario de su cliente (Servicio de agencia) y una bonificación del medio de comunicación (descuentos en la tarifa).

Así, se inaugura el negocio publicitario que alcanza nuestros días. Esto evidencia que, la evolución de la Publicidad, no hubiese sido posible, sin el aval y el soporte ideológico del incipiente Capitalismo.[6] Fue su motor principal. Se instala un sistema económico y social, basado en la propiedad privada de los medios de producción, en la importancia del capital como generador de riqueza y en la asignación de los recursos a través del mecanismo del mercado. Este sistema se afianzó en su doctrina filosófica: el liberalismo. Teoría política, económica y social, nacida a finales del mismo siglo dieciocho, cuyo eje principal es la defensa de la libertad del individuo y de la intervención mínima del Estado, precisamente, en la vida social y económica. Fue la corriente de pensamiento adoptada convenientemente, por la burguesía industrial de su tiempo. La Publicidad, se irá transformando en uno de sus mejores dispositivos para la divulgación masiva, no solo de los nuevos productos, sino también de un estilo de vida, sustentado en dicha ideología. Por lo tanto, la Publicidad, debe su existencia y su condición de posibilidad, al libre mercado y al vínculo dinámico entre oferta y demanda: La Publicidad amalgama este maridaje.

---

[6] El capitalismo se vincula con la doctrina económica denominada «liberalismo económico» o teoría del *laissez-faire*, es decir, la que se basa en un Estado mínimo no intervencionista y el predominio de las empresas privadas, especialmente del empresario individual, que con su libre iniciativa o iniciativa privada compite con los demás en un mercado libre, consiguiendo la asignación más eficiente de los recursos (en términos de Adam Smith en su libro *La riqueza de las naciones*, la «mano invisible»; en términos utilitaristas —Jeremy Bentham o John Stuart Mill—, «la mayor felicidad para el mayor número»).

De tal manera, se sostiene, que la Publicidad, tal como la conocemos, es hija dilecta de la Revolución Industrial. Para la investigación, el análisis y la clasificación categórica, considero oportuno denominar a la publicidad inserta en dicho estadio industrial, como *publicidad decimonónica* (perteneciente al siglo diecinueve). Quizás, para situarla coyunturalmente, lo más apropiado es entenderla como una embrionaria comunicación de carácter comercial, que podría tomarse como antecedente de lo que va a ser luego, la publicidad moderna y más tarde, la publicidad contemporánea, enmarcada en entornos digitales y virtuales. Tópico que no es parte de esta obra. En resumen, hasta el ingreso al siglo XVIII, encontramos antecedentes históricos que nos hablan de lo que podríamos llamar: proto-publicidad, como se detalla en las próximas páginas.

Dos

La Publicidad y las representaciones sociales

La Publicidad propone referentes discursivos conocidos como interlocutores con los consumidores. Por ejemplo, cuando utiliza en sus campañas a un líder de opinión, *influencer* o también conocidos como *endorsers*: Artistas, deportistas, profesionales reconocidos, personajes mediáticos, etcétera. Las marcas son el vínculo entre ambos extremos. La esfera común es la realidad que construyen los medios de comunicación, en relación al posicionamiento de estos actores y donde, cada grupo social se identifica o se diferencia. Para el caso, el territorio contiene la agenda que la interlocución hace referencia: Opiniones compartidas, juicios de valor, modos de ver la realidad, etcétera (Gomis, 1991). Esta forma de 'lo creíble', se apoya y construye a la vez formas de conocimiento en el que las representaciones sociales son engranajes fundamentales, porque dan testimonios de un saber sobre el mundo y de creencias, que abarcan sistemas de valores.

La noción de territorio, en todas sus dimensiones, tiene un anclaje múltiple: es cultural, y socio-histórico, además de poseer connotaciones ideológicas. La territorialidad es una experiencia histórica y culturalmente definida. Michel Foucault afirmaba que las personas llevan el territorio a cuestas. La presencia de acciones publicitarias nunca se debe subestimar o entenderlas como ingenuas. Sus efectos no son inocuos, tienden a ordenar el campo social, sus identidades y sus prácticas culturales. La misma responde a preceptos de control y dominio de los escenarios globales, resignificándolos desde una órbita de lo simbólico: las marcas ofician como fetiches aspiraciones. La marca, como objeto tangible no existe, lo que emerge es su representación social y de ahí la lectura significante que realiza una persona. Observamos que la Publicidad potencia y propone un ritual alrededor de lo inmaterial. Reduce la trascendencia de un objeto solo a sus aspectos funcionales y lo simbólico del mismo lo eleva en representaciones mentales, que las tendencias dominantes de cada época imponen. Reconocer la marca como símbolo, es la exaltación de un mundo inasible: el producto, es significado y la marca su significante (Marafiotti, 1990). En concordancia con esta sentencia y justificando el desarrollo del trabajo, a modo de síntesis creo que estamos en condiciones de percibir los efectos que provoca la Publicidad sobre el discurso cotidiano como territorio simbólico de pertenencia. Veremos más adelante como los acuerdos de Bretton Woods, sobre todo en lo atinente a la economía y el consumo, potenciarán estas prácticas socioculturales. En esta instancia, la Publicidad, será portadora de una activa influencia en el imaginario social. Establecerá un discurso categórico, que emanará del centro mismo de las grandes empresas y agencias. Avanzará sobre las prácticas culturales. Interviene en el entramado social y aborda las rutinas cotidianas. Consolidado ese espacio, amolda usos y costumbres, en función de objetivos comerciales previamente pautados como, por ejemplo, la investigación de mercado y el análisis de las tendencias sociales y epocales. El estratega publicitario, se hace eco de tales tendencias. Sus producciones intentarán reflejar las mismas para lograr empatía con el consumidor. Destaquemos con lo dicho que, sobre todo, a partir de la década de los años sesenta aparecen las consultoras en investigación de mercado y el concepto de marketing. El mercado de consumo y la sociedad se complejizan. Ya no es el producto, sino la marca quien definirá la decisión de compra y consecuentemente el negocio publicitario.

Si restringimos el amplio concepto que significa el término «cultura» al sentido con que se lo aplica actualmente, es decir para señalar el conjunto de modos de vida creados, aprendidos y transmitidos por una generación a otra, se debe advertir que la sociedad dispone de algunos recursos para difundir y tratar de preservar ciertas costumbres y valores. Dice al respecto Umberto Eco:

> «... el hombre de una civilización industrial de masas, es como nos lo han mostrado los sociólogos: un individuo hetero dirigido para el cual piensan y desean los grandes aparatos de la persuasión y los centros de control del gusto, de los sentimientos y de las ideas, que piensa y desea, conforme a los designios de los centros de dirección psicológica...» (Eco, 1968: 314).

La Publicidad, como dispositivo comunicacional, otorga sentido y trascendencia al objeto marca, los reviste con un cúmulo de virtudes y se sustancia en mito. Por ejemplo, cuando se usa la camiseta con el número 10 que ostentaba Maradona o Messi en la selección de fútbol. Sobre la base de lo expuesto, las «Representaciones Sociales» y el fenómeno de la comunicación publicitaria encuentran su injerencia en esos territorios:

> «... en la representación tenemos el contenido mental concreto de un acto de pensamiento que restituye simbólicamente algo ausente, que aproxima algo lejano. Particularidad importante que garantiza a la representación su aptitud para fusionar el concepto y su carácter de imagen...» (Jodelet 1986: 476).

Respecto de las Representaciones Sociales propiamente dichas, Moscovici expresa que «si bien es fácil captar la realidad de las mismas, no es nada fácil captar su concepto.» (Ibáñez, 1988: 32). Una representación siempre es portadora de un significado asociado a lo que le es propio. Como la misma es concebida por sujetos o grupos sociales, no hablamos de una mera reproducción, todo lo contrario, es una complicada construcción en la cual tiene relevancia, el carácter activo y creador de cada individuo, el grupo al que pertenece y las retracciones y aptitudes que lo determinan. Moscovici entiende que una representación social es «una modalidad particular de conocimiento, cuya función es la elaboración de los comportamientos y de comunicación entre los individuos. Es un corpus organizado de conocimientos y una de las actividades psíquicas gracias a las cuales las personas hacen inteligible la realidad física y social. Los sujetos se integran en un grupo o en una relación cotidiana de intercambios. Las representaciones son una forma de pensamiento natural informal, un tipo de saber empírico, que además se articula al interior de los grupos con una utilidad práctica. En esencia son una guía para la acción social de sus actores, es decir, como un saber finalizado (MOSCOVICI, 1979:17-18).

Otra forma de entender las representaciones es pensándolas en el marco de las ciencias sociales.

> «... Uno de los problemas centrales en los estudios sociales contemporáneos –de los cuales no es ajeno el fenómeno publicitario– está relacionado con las representaciones. Esta es una problemática que, a su vez, se intercepta con otras tres tanto o más importantes: la relación entre las prácticas sociales, las prácticas discursivas y los *habitus* en tanto nociones capaces de explicar el modo en que se construyen las identidades y las otredades haciendo posibles la percepción y comunicabilidad del mundo...». (CEBRELLI-ARANCIBIA, 2005).

El *habitus* hace que personas de un entorno social homogéneo, tiendan a compartir estilos de vida parecidos, (BOURDIEU, 1980: 96). Precisamente, la Publicidad produce su discurso para dichos entornos.

Se destaca que una representación puede referirse tanto a objetos simbólicos (marcas, como a objetos reales,

La Publicidad desarrolla sus representaciones sobre estilos de vida y hábitos cotidianos, planteado rituales con las marcas.

ausentes como presentes). En tal caso, la presencia de la Publicidad en nuestra sociedad, adquiere un rol crucial en la producción de sentido en este ámbito, propone una forma de pensamiento y práctica social. La Publicidad, entonces es un dispositivo que gravita en la representaciones sociales, porque incide en el entorno donde opera. Desde su territorio de pertenencia maniobra sobre las mismas en su favor.

La Publicidad desarrolla sus representaciones sobre estilos de vida y hábitos cotidianos, planteado rituales con las marcas: «Quilmes, el sabor del encuentro». Un ritual con amigos.

En los medios de comunicación encuentra su espacio por antonomasia para que esa liturgia irrumpa subrepticiamente en el seno del colectivo social. La Publicidad cimienta (con taxativos mecanismos de comunicación) sus convenientes representaciones. A saber: largos períodos de exposición a sus producciones, presencia simultánea en todos los medios, alta frecuencia, alcance y cobertura geográfica con sus mensajes cortos y repetitivos. Hay que advertir que, el mensaje publicitario, no sólo se manifiesta en los medios de comunicación, sino que también hoy opera en plataformas digitales, en redes sociales y en otros espacios; como intervenciones en diferentes espacios públicos y en puntos de venta. Por eso actualmente se habla de la «publicidad ubicua y holística»: Es un todo en todas partes. Sabemos que el acto de representación siempre relaciona un sujeto, de manera individual o en grupo, con un objeto determinado.

> «Dichas representaciones implican mecanismos de analogía respecto al objeto según la focalización y el punto de vista de los individuos, así como la posición del grupo al cual estos pertenecen. En sí, toda representación es un sesgo de cada sujeto.» (Urzúa, 1987: 349).

En este caso, a modo de referencia, podemos aludir a la interacción que se da entre un sujeto y una marca.

I. El discurso de la Publicidad como representación dominante

La Publicidad, sobre todo, desde el gran crecimiento de las mega-agencias de publicidad en la década de los cincuenta adquiere una mayor preeminencia, operando en la elaboración e inclusión de discursos marcarios muy efectivos. Sobre todo, en los años sesenta se hace presente lo que Chetochine (1996), denominaba en su teoría de las marcas *La guerra de las marcas*. Se generan tensiones, no solo entre marcas, sino también entre consumidores leales a una u a otra. Los sujetos que no quieren ser subyugados por los cantos de sirena son los portadores de ese relato por sobre otro. Son actores que generarán la ruptura como modo de batalla cultural.

El campo social no se puede transfigurar en un mercado de consumo como se pretende difundir desde el mensaje publicitario de manera directa. Existen otras variables de carácter identitario y emocional, que gravitan sobre las decisiones de los actores sociales de manera consciente o inconsciente. En tal caso, es una lucha privilegiada en la mente de cada persona. Lo que se conoceremos hacia finales de la década de los '60, como «Posicionamiento» (Ries y Trout, 1969). Entendido este concepto en un litigio de intereses y una lucha de poder entre las diferentes organizaciones. La marca debe ocupar un espacio de preminencia en la mente del consumidor o del ciudadano. El control territorial de la marca y la demarcación de frontera comercial quedará en manos del estratega de marketing.

Recordemos que 'representar' significa «estar en lugar de...». Y como dice Foucault: la representación es poder. Aunque sabemos que la representación tiene el sentido de suplir una ausencia. En el caso de la Publicidad, quizás no sea tan limitada esta acción, porque tal vez la representación sea más que nada, un reemplazo o una renovación de los discursos imperantes hasta el momento (la dinámica de las tendencias de la moda).

> «Una de las características de la representación social es impactar sobre los saberes que permiten conocer y caracterizar la realidad...» (Reguillo Cruz, 2009).

El discurso publicitario como contenido y la Publicidad como técnica de comunicación conforman en dupla inseparable, una estructura discursiva y comunicacional, que no está al margen de procesos históricos y sociales complejos que acontecen a su alrededor.

Los armadores de esta dupla proponen, su propio espesor temporal, muchas veces independiente de la otra realidad que envuelve al sujeto. Esto entraña un tipo específico de relato que reconstruye significados y sentidos sobre los tiempos diversos que coexisten en un mismo presente de un mismo individuo (Arancibia-Cebrelli, 2005). Por ejemplo, el individuo como sujeto moral e histórico con derechos y deberes en la sociedad, y al mismo tiempo en su rol de consumidor en el mercado de consumo. Vemos entonces que la Publicidad puede ser un instrumento y un procedimiento que gravita de las representaciones sociales pre-existentes, las modifica o las resignifica en pos de objetivos establecidos. Hoy aparece una renovada toma de consciencia. Son las propias empresas y los públicos, que están cuestionando la obsesión patológica por el consumo descartable, no reciclable. Esta actitud, atenta contra el planeta, la naturaleza y el medioambiente. El 2020 fue un quiebre de mentalidad en ese sentido. Nos ayudó a reflexionar sobre dónde estamos parados. Esta praxis opera de sutura entre ambos nodos para eliminar o minimizar las posibles tensiones que mencionábamos, en relación a luchas por la hegemonía de la representación simbólica (Arancibia-Cebrelli, 2005).

El territorio de la Publicidad (el mercado de consumo principalmente) es significativo. El consumidor, por su propia naturaleza, en su imaginario construye sus condiciones de posibilidad para alcanzar la «prosperidad»: Son sus propios ritos, mitos y creencias (Eliade, 1983). Recordemos que las disputas discursivas en el campo cultural tienen que ver con los conflictos por las imágenes y las palabras (Arancibia, 2013).

La sociedad de consumo que se inaugura terminada la segunda Guerra, activa sistemáticamente a los sujetos, condicionando sus acciones, su lenguaje, las relaciones con los otros, sus gustos o su cuerpo. Nada escapa a las directrices que impone el dispositivo publicitario. El discurso publicitario, es un facilitador, en extremo eficaz, que posee poder en todas sus dimensiones: es un discurso elaborado con imágenes y palabras agradables, seductoras y convincentes.

Sobre todo, esta Publicidad de posguerra, como expresión de la comunicación social, decimos que es una manifestación de la cultura de masas de su época. Es una producción humana, artificial, con rasgos ceñidos y desarrollada con un propósito determinado. Su propia impronta, influye «invariablemente» —aunque suene a sentencia— sobre la dinámica de las representaciones sociales.

UNA CAMPAÑA PUBLICITARIA se sostiene siempre sobre estrategias de comunicación, en cuanto a pensar y

El discurso publicitario como contenido y la Publicidad como técnica de comunicación conforman en dupla inseparable, una estructura estratégicamente muy poderosa.

construir el mensaje estipulado (Soler, 1997). Estas estrategias se desarrollan contemplando la condición para transformar las representaciones o gozar de las mismas en beneficio propio. La sola presencia de las acciones publicitarias en el campo social, *per se*, modifican esos territorios. A partir de allí no solo modifica los espacios sociales, sino que también demarca nuevas fronteras: desde este tipo de propuestas de comunicación se procurará que las prácticas culturales viren hacia prácticas de consumo. Al igual que existe la comunicación social o la propaganda, que están al margen de cualquier objetivo de carácter comercial, la comunicación publicitaria, a la inversa, opera sobre las representaciones sociales con tales miras. La publicidad y el marketing coinciden en redefinir técnicamente a los sujetos y a la sociedad, como consumidores y mercado de consumo respectivamente como se demostró en el capítulo anterior. Vale subrayar que, lo expresado está lejos de cualquier juicio valorativo personal. Los territorios están delineados y delimitados a los llamados *retails* o puntos de venta (virtuales y/o presenciales). Los profesionales del marketing, son los responsables de dinamizar estos territorios, entendiendo que, en una sociedad de libre mercado, dicha dinámica comercial, sostiene la rueda de la economía. En tales condiciones «la marca» será el componente principal de las estrategias de comunicación y estrategias de negocio.

II. ¿Qué implica la marca como representación simbólica para un sujeto en su propio campo de experiencia?

Una labor puntual que encierra la Publicidad es la generación de diferentes representaciones *ad hoc*, adecuadas a objetivos concretos. Las marcas, en este caso, son los dispositivos simbólicos que desembarcan en el espacio social. En consecuencia, el propósito de dicha misión está focalizado en:

1. Controlar y alinear los efectos que produce el avance de la Publicidad sobre los entornos de constitución y consolidación de las representaciones sociales.
2. Sostener la acción de la comunicación publicitaria para el abordaje, intervención y apropiación de territorios extrínsecos, con el fin de incidir en las decisiones de consumo.
3. Consolidar la interrelación entre discurso publicitario y discurso social, a los efectos de dar cuenta de las estrategias mencionadas.

El pensamiento mágico que rodea a la Publicidad, ha convertido misteriosamente a las marcas en objetos intangibles con grandes atributos. En el rol de la marca desborda la mera identificación para cristalizar un relato aspiracional. La marca como artefacto inmanente, manifiesta una distinción en el orden y sentido afectivo, ya que, eleva al objeto marca y lo subjetiviza. Un consumidor en ocasiones se liga emocionalmente a una marca, llevándola como fetiche, y a veces, como si fuese una especie de título nobiliario. La Publicidad media de constructora en ese terreno fértil de nuevas representaciones: Impone una vinculación y una nueva representación entre un sujeto-consumidor y la marca como objeto de consumo permanente.

Tres

Territorios y fronteras de la Publicidad

Cuando hablamos de territorios y fronteras de la Publicidad, el primer espacio de pertenencia de la misma que encontramos es la organización que le dará estructura: las agencias de publicidad (Martínez, 1998: 151). Para el caso, se describe el contexto socio-histórico que provoca el surgimiento de las mismas, el rol y la función que cumplen esas organizaciones que tienen como misión el negocio de la comunicación comercial, su relación con los medios de comunicación y con los anunciantes. Y es así como desde sus comienzos, el negocio publicitario, se enmarcó en una organización de servicios de comunicación y de intermediación entre clientes (anunciantes) y medios de comunicación. Por esa tarea recauda profusas ganancias anuales derivadas del cobro de honorarios profesionales (servicios de agencia) y de los descuentos (comisiones) que recibe la agencia de los medios por los importantes volúmenes de dinero invertido en cada pauta publicitaria. Para tener una referencia de la magnitud actual del negocio publicitario, se destaca a modo de ejemplo la inversión en publicidad digital solo en Estados Unidos en el año 2013: «La inversión en publicidad digital logró en los Estados Unidos un pico histórico de 42.800 millones de dólares durante 2013, y por primera vez en la historia superó a lo invertido en televisión, según un estudio privado»: Informe publicado por la Oficina de Publicidad Interactiva de los Estados Unidos a través de la investigación de la consultora IAB (Internet Advertising Boureau). Para el 2018, el 45% de la inversión publicitaria en el mundo ya es digital. La Consultora MAGNA indicó que, los ingresos publicitarios netos (IPN) de los dueños de medios de América Latina tuvieron un crecimiento del +9,6% en 2018, alcanzando los US$ 27.200 millones. Asimismo, las ventas publicitarias en móvil y digital tuvieron un crecimiento del +15,6% en 2018, alcanzando los US$250.000 millones. Las ventas publicitarias en digital se estimaron que crecieron también dos dígitos en 2019. En el pandémico 2020, los ingresos globales por publicidad caerán un –7,2%. El coronavirus tendrá efectos duraderos en el consumo, en los modelos de negocio y en los presupuestos de marketing. IPG Mediabrands avanza sus predicciones de inversión publicitaria para los próximos años.[7]

Con los datos expuestos, podemos dejar de lado lo que confusamente muchas veces se supone: el objetivo de la publicidad es vender. La publicidad no vende ni marcas, ni productos, ni servicios, ni candidatos a presidente. La Publicidad comunica. Como se ha expresado en párrafos previos, la publicidad es una disciplina y una técnica de comunicación masiva. Es así que, el derrotero de la publicidad, durante los dos últimos siglos fue de la mano de hechos muy significativos para el mundo, que ya se detallaron. La publicidad como primero técnica y seguidamente, como disciplina de comunicación, ha sido y es, permanentemente objeto de estudio y de investigación de diferentes áreas del conocimiento.

Su estudio profundo coincide con estos entornos tan complejos. Si bien desde una concepción epistemológica, sabemos que no se puede definir a la publicidad como ciencia, con todo lo que implica tal jerarquía, entendemos a la publicidad como una disciplina. Pero, con independencia y autonomía en cuanto a su desarrollo y descripción en un determinado campo profesional. Como constructo (Bunge, 1973) su desarrollo, ha sido posible desde variopintos aportes multidisciplinares. Es una actividad siempre ligada a la comunicación humana e incluso encontramos aportes de la filosofía y de las ciencias políticas. Estas dos últimas la han incluido en sus agendas de investigación, estudiando su influencia en las socieda-

---

7 Ver en ‹https://www.reasonwhy.es/actualidad/ipg-mediabrands-previsiones-inversion-publicitaria-2020›.

des contemporáneas y en la manera que el ser humano actual concibe y describe su realidad[8] desde el lenguaje (WATZLAWICK, 1979). La Publicidad se debe juzgar como promotora y constructora de relatos sociales y como promotora de nuevas pautas culturales. Esta particularidad, incluye las formas de consumo, y a la postre, su influencia cotidiana en los estilos de vida, hoy cada vez más dinámicos e inestables (BAUNMAN, 2007).

La realidad que construye la Publicidad, entonces, puede ser en algún momento el encuentro con múltiples imágenes, interpretaciones y reconstrucciones que distribuyen los medios de comunicación en competencia mutua: es un relato en sus diferentes dimensiones. La idea de realidad, para el caso, no es un dato objetivo, es una experiencia personal, siempre discutida. La Publicidad penetra ese territorio de subjetividades para instalar un relato único, creíble y posible. Pero, siempre inalcanzable. Allí la paradoja, casi platónica[9] del mundo ideal. En la Publicidad el espíritu platónico, deambula, sin que lo percibamos.

I. La Publicidad como un puente entre territorios en tensión y disputa

La Publicidad, desde la empresa anunciante y la Publicidad desde la agencia de publicidad, son entendidos,

[8] El concepto de realidad es amplio y ambiguo. Por eso se tomó una definición de referencia.

[9] En su filosofía, Platón establece una fuerte diferenciación entre lo que percibimos a través de los sentidos y lo que podemos llegar a conocer por medio del razonamiento sobre lo que llama «formas» o «ideas». Correctamente combinadas en un lenguaje propio (método dialéctico), estas formas deben ser la base del conocimiento científico, y deben permitir explicar también el mundo que muestran los sentidos, sujeto a constante cambio.

como territorios simbólicos en los que se disputa parte de la significación e influencia sobre los variopintos colectivos sociales. Estos espacios, están empalmados por un mismo objetivo: generar consumo, para generar ventas y finalmente fortalecer el negocio. A la postre, con la consolidación y control del negocio, a través de los dividendos provenientes del mismo, emerge la condición de posibilidad para construir un cierto liderazgo ideológico desde el podio del mercado de consumo:

1. El territorio de la empresa comprende la elaboración de productos o desarrollo de servicios, la logística de distribución y el punto de venta.
2. El territorio de la agencia de Publicidad, es un espacio de producción de contenidos y los medios, ofician de vehículos para difundir los mensajes en la sociedad.
3. Territorios compartidos: Empresa u otras organizaciones - agencia - medios - sociedad.

La Publicidad, como herramienta de comunicación es en extremo, muy poderosa. Desde su lugar es facilitadora para la penetración de prácticas de consumo. Gravita sobre las pautas culturales y sobre territorios sociales variados. Cuando irrumpe, el mensaje publicitario intenta lograr efectivamente sus objetivos. En ese instante, estaremos en presencia de un proceso de reorientación y modificación de las prácticas sociales imperantes.

II. Cultura y Publicidad territorial

La comunicación que se realiza en el marco de un espacio con prácticas culturales tradicionales y muy arraigadas, por lo general posee un relativo bajo presupuesto, confrontado siempre con las inversiones publicitarias de una empresa transnacional a nivel global. Por ende, responde a otras problemáticas: por ejemplo, sostener las ventas inmediatas, mantener la dinámica de su producción o resistir en su mercado regional. La gaseosa de la provincia argentina de Córdoba, Pritty Cola, es un caso testigo de lo dicho. Pritty disputa cuerpo a cuerpo esa hegemonía con Coca Cola como marca global. Otra situación análoga sucede en Perú con la bebida Inca Kola. En algún momento Coca Cola Company con sede central en la ciudad de Atlanta, Estados Unidos, presionó a la empresa peruana propietaria de la marca y el producto para comprar a ambos. Consideraba a Inca Kola un estorbo en la expansión de su negocio en ese país. Con todo su poder comercial y comunicacional Coca Cola no pudo vencer a Inca Kola en el mercado peruano de gaseosas, como lo destaca una nota editada en el diario *El Comercio* de Perú en febrero de 2014, titulada: «Hace más de 15 años Coca Cola perdió la guerra con Inca Kola y la compró». En este sentido, tanto la Pritty Cola en Córdoba, como la Inca Kola en Perú, pese a competir en inferioridad de condiciones, son dos claros ejemplos que ofician como objetos simbólicos. No son solo bebidas. Estas marcas, regional la primera y nacional, la segunda respectivamente, trascienden la mera función de productos de consumo. Forman parte de las representaciones sociales y de la identidad del colectivo cordobés y peruano. Recordemos que, para este último caso, el concepto «Inca» simbólicamente no se reduce a un nombre estampado en un envase de gaseosa. Es una representación ancestral que posee una carga emblemática enorme que aglutina a una cultura milenaria, a pueblos originarios de la cuales descienden gran parte de los habitantes del Perú: INCA KOLA es mucho más que una marca comercial, es un símbolo identitario

Recordemos que,
para este último caso,
el concepto «inca»
simbólicamente no se
reduce a un nombre
estampado en un envase
de gaseosa.

que habla por sí mismo, dice «quienes somos nosotros como comunidad». Lo mismo sucede con Pritty Cola. Como caso paralelo, de mayor envergadura se presenta Cerveza Quilmes. Marca que veremos más adelante, para tratar de entender porque Quilmes no es una cerveza, sino una forma de ser de los argentinos. Con estas referencias, nos iremos adentrando en el continente de las grandes organizaciones globales que juzgan a la Publicidad, no solo como una mera herramienta de comunicación comercial, sino, quizás como un dispositivo mucho más importante: se conciben estratégicamente como un poderoso conector ideológico para afianzar negocios en cualquier punto del planeta. La publicidad —este es un nuevo orden que favoreció Bretton Woods— va a ocupar una dimensión influyente en el fomento de la demanda de productos en medio de una sociedad dominada por la cultura de masas.

Cuatro

El surgimiento de la Modernidad

I. Lo contemporáneo, no es lo moderno

Lo contemporáneo es efímero e inmediato, es el «aquí y ahora». Es el presente líquido de Baumann (2002). Lo moderno, se nutre de la contemporaneidad, es lo que deja a su paso cada instante. En nuestro caso, la Publicidad que hoy vemos, es la Publicidad contemporánea. La definiremos, pero, esencialmente, no es asunto de esta obra.

> «La interrupción, la incoherencia, la sorpresa son las condiciones habituales de nuestra vida. Se han convertido, incluso en necesidades reales para muchas personas, cuyas mentes solo se alimentan [...] de cambios súbitos y de estímulos permanentemente renovados [...] El problema de nuestros tiempos es que el futuro ya no es lo que era...»
>
> PAUL VALERY

II. El *Quattrocento*

La Modernidad florece en el siglo XV, después de cambios muy marcados a nivel mundial, como: la conquista de América por los europeos, el desarrollo de la imprenta, la Reforma Protestante, el Renacimiento y la revolución científica. En términos socio-históricos, no se llega a la Modernidad con el final de la Edad Media en el siglo XV, marcada por la caída del Imperio Bizantino en manos de los Otomanos. Sin reducciones enciclopédicas, tenemos que ver también que emerge una significativa transformación de la sociedad pre-industrial y rural, tradicional.

Muchos años después, esa sociedad seudo-industrial y urbana moderna, desembocará en la Revolución Industrial y en el afianzamiento del capitalismo (FERNÁNDEZ ARMESTO, 2011). La idea de modernidad es siempre discutida. Hannah Arendt (1951), por ejemplo, nos dice que la duda cartesiana es un síntoma de la modernidad [...] representado por el ascenso del trabajo del *homo faber* y finalmente por la producción industrial. La Modernidad, es un momento donde se propone que cada sujeto tenga sus metas, según su propia voluntad. Es un periodo que principalmente antepone la razón, por sobre el pensamiento dogmático de la creencia religiosa.

Surge de este modo, nuevos colectivos sociales que permiten la prosperidad de ciertos sectores poblacionales y causan la marginalidad de otros.

Por una convención entre eruditos, oportunamente se acordó tomando determinados hitos históricos —entre otras cosas— que la Edad Moderna estaría situada entre la Edad Media y la Edad Contemporánea. Pero es, desde la segunda mitad del siglo XV, cuando se comienza a utilizar el concepto de Edad Media para señalar un segundo período, ya superado por la humanidad. El advenimiento de la Modernidad es un lento proceso, que dura siglos. Se convino tomando una serie de rasgos, de características que definen a dicho periodo y que, suponen una cierta ruptura con lo viejo. Surge un nuevo clima intelectual que se proyecta en el espíritu de la época moderna.

III. Modernidad-Posmodernidad: controversias y dicotomías

«Hay que ser absolutamente moderno». dijo Rimbaud. Y un siglo y medio después sufrimos aún las consecuencias», comenta Calasso en *La Folie Baudelaire* (Vila Matas, 2012).

LO MODERNO: Se debe separar primero la idea de Modernidad de la idea que tenemos de lo moderno: moderno es un concepto; Modernidad es convencional, tiene principio y fin en el tiempo. Esta actitud no es tan evidente desde fines del *Quattrocento*, fecha en que oficialmente se da comienzo de la Edad Moderna (Renacimiento, siglo XV). Surge una nueva manera de considerar al artista como genio creador, gana terreno un culto cada vez más intenso por lo nuevo, por lo original, que no existía en las épocas precedentes. Como el caso de la imprenta de tipos móviles. Una tecnología que permitió reproducir *ad infintum*, obras literarias o tratados de todo tipo, antes reservados para unos pocos, ahora de acceso «masivo» en su sentido epocal.

Con el paso de los siglos, se hará cada vez más claro que el culto por lo nuevo y por lo original se vincula a una perspectiva más general. Como sucede en la época de la Ilustración, donde se considera a la historia humana como un proceso progresivo de emancipación, como la realización cada vez más perfecta del hombre ideal. La Publicidad conlleva esta impronta en cuanto a idealizar el objeto a comunicar.

Lo moderno implica comprender su significado, cuyo origen es de raíz latina *modo* que significa «ahora mismo». Es toda producción humana que responde a su época y que supera lo producido con anterioridad. Desde aquí, iremos comprendiendo el «porqué» del concepto de Publicidad Moderna, que se coloca en la segunda posguerra del siglo XX.

Por lo tanto, todo lo moderno, por propia definición, es presente y en consecuencia siempre será superado por el devenir.

Definir, entender y debatir, *in extenso*, sobre la Modernidad es un desafío que escapa a los límites de esta obra: el significado principal del término que hablamos es el de la Modernidad como época. Desde una perspectiva histórica, el advenimiento de la Modernidad —es decir, el conjunto de atributos que se consideran propios del mundo moderno— remite al largo proceso y la diversidad de fenómenos que desde el siglo XV cuestionaron en Europa, el orden cristiano-medieval (Paul, 2014).[10]

Podemos enumerar en una síntesis esos eventos: los viajes de descubrimientos, exploración y conquista de territorios de ultramar, hasta abarcar el planeta entero; la formación de un mercado mundial y el incremento de la producción orientada al intercambio mercantil, que transcurrieron en espacios cada vez más vastos, provocando la innovación incesante de los medios de comunicación y transporte; la aparición de nuevas ciencias de la naturaleza, el llamado «giro copernicano» del saber, que acompañará el «giro antropocéntrico» que dominaría el discurso filosófico (Descartes fue uno de sus principales representantes). La formación de los primeros estados nacionales europeos de tipo burocrático-absolutista.

En síntesis, la proliferación de formas capitalistas de producción que se consolidarán con el surgimiento de la Revolución Industrial en Inglaterra. Por lo tanto, lo moderno, paradójicamente siempre es pos «algo».

---

[10] Jacques Paul, profesor de la Universidad de Provenza Aix-Marsella I, es autor de obras como *L'Église et la culture en Occidente, IXe-XIIe siècles, Histoire intellectuelle de l'Occident médiéval y Culture et vie intellectuelle dan l'Occident médiéval*, publicado por Publicaciones de la Universidad de Valencia, mayo 2014.

IV. ¿Dónde nos encontramos con lo posmoderno?

> «... con todo, yo sostengo que el término posmoderno, sigue teniendo un sentido, y para el caso, está ligado al hecho de que la sociedad en que vivimos es una sociedad de la comunicación generalizada, la sociedad de los medios de comunicación (los *mass media*).»
>
> GIANNI VATTIMO, 2012

Es un concepto de alguna manera amplio y cubierto de grandes debates. Quizás una de sus características sería su propia indefinición. Muchas veces es usado para comprender nuestra condición social y cultural en los últimos tramos del siglo XX.

El entorno posmoderno, es una época invadida por la imagen. Por consiguiente, con la multiplicación de las imágenes del mundo perdemos el sentido de lo real. El mundo de la comunicación generalizada estalla como una pluralidad de colectivos sociales: minorías étnicas, sexuales, religiosas, culturales o estéticas (como los *punk*, *hipsters* o *muppies*, por ejemplo), que toman la palabra y dejan de ser finalmente acallados y reprimidos por la idea de que sólo existe una forma de humanidad verdadera digna de realizarse, con menoscabo de todas las peculiaridades, de todas las individualidades limitadas, efímeras, contingentes. Entonces nos preguntamos, si la publicidad queda al margen o usufructúa de estos nuevos escenarios en sus producciones masivas.

Desde el arte, la teoría y la historia, podemos analizar el Posmodernismo a través del estructuralismo, la semiótica y la deconstrucción, encontrando grandes intelectuales que aportaron sus ideas a este tiempo: Foucault, Vattimo, Barthes, Lacan, Derrida, Lyotard o Levy Strauss, por mencionar a algunos pensadores de esta etapa.

V. Metamodernismo: Pos-posmodernismo

> «... es un movimiento estético, una etapa de desarrollo y una ideología política.»
>
> Hanzi Freinacht, 2018

El metamodernismo presenta actualmente dos principales corrientes: la corriente holandesa, cuyos principales exponentes son Timotheus Vermeulen y Robin van den Akker y la corriente nórdica, sintetizada por el filósofo Hanzi Freinacht (Kersten, D., & Wilbers, 2018).

Freinacht, cree que los individuos que pueden ser candidatos a comenzar a formar parte de esa «aristocracia metamoderna» se encuentra en lo que él llama «las tres H» (*Hipsters*, *Hackers* y *Hippies* que ya han llegado a las etapas de desarrollo posmodernas, que viven fuera de las estructuras de trabajo tradicionales). Aparece un enjambre de términos entrecruzados.

El concepto Pos-posmodernidad, se aplica a la evolución de la teoría crítica, filosofía, arquitectura, arte, la literatura y cultura que reaccionando ante el posmodernismo. Otro reciente término similar es metamodernismo. Recordemos que el Posmodernismo surgió después de la primera Guerra Mundial, como una reacción a los fracasos percibidos en el modernismo del siglo anterior, cuyos proyectos artísticos radicales habían llegado a ser asociados con el totalitarismo o habían sido asimilados en la cultura dominante.

Las características básicas de lo que se dio en llamar posmodernismo se pueden encontrar ya en la década de 1940, especialmente en la obra de Jorge Luis Borges (Lefere, 2000). Sin embargo, la mayoría de los estudiosos de hoy están de acuerdo en que el posmodernismo comenzó a competir con la modernidad a finales de 1950 y ganó ascendencia sobre ella en los años 1960. Justamente donde la Publicidad ingresa en sus años dorados y aparecen los grandes creativos y directores de artes en las agencias de aquel entonces. La Publicidad se acerca a una narrativa que exacerba la cultura occidental. Aparece una preferencia por lo virtual (no entendido el término, como sinónimo de espacio digital), sino como opuesto a «lo real». En este entorno, la Publicidad se acerca con una narrativa que exacerba la cultura occidental. Se apuesta a la figura retórica de la hipérbole en el tratamiento de la imagen publicitaria y su objeto marca. Lo textual queda invadido por lo icónico. Hay una oscilación continua, un constante reposicionamiento entre las actitudes y modos de pensar evocados de lo moderno y de lo posmoderno.

VI. ¿Qué significa ser contemporáneo?

Giorgio Agamben,[11] en sus trabajos, tiene mucho de reapertura de caminos olvidados en el transcurso de la historia cultural de Occidente, donde sin lugar a duda el fenómeno publicitario no está ajeno. Cuando este filósofo piensa *lo contemporáneo*, supone una relación particular con el propio tiempo. Afirma que el sujeto contemporáneo, es aquel que mantiene su mirada fija en su tiempo para percibir, no sus luces, sino sus sombras. Todos los tiempos son, para quien experimenta su contemporaneidad, cuestionados. Lo contemporáneo, también, podría ser

[11] Giorgio Agamben (Roma, 1942) es un filósofo italiano de renombre internacional. En su obra, confluyen estudios literarios, lingüísticos, estéticos y políticos, bajo la determinación filosófica de investigar la presente situación metafísica en Occidente y su posible salida, en las circunstancias actuales de la historia y la cultura mundiales. Sus trabajos tienen mucho de reapertura de caminos olvidados en el transcurso de la historia cultural de Occidente.

visto bajo la perspectiva de Bauman (2005): la Modernidad Líquida es una categoría sociológica que sirve para definir el estado actual de nuestra sociedad. La define como una figura de cambio constante y transitoriedad, atada a factores educativos, culturales y económicos. Para el caso, notemos los mensajes instantáneos y efímeros en ciertas plataformas de las redes sociales. Podríamos encontrar, igualmente, una respuesta cercana a Nietzsche que, Roland Barthes la resume como: «Lo contemporáneo es lo intempestivo».

La contemporaneidad es esa relación singular con el propio tiempo, que se adhiere a él, pero, a la vez, toma distancia de éste; más específicamente, es esa relación con el tiempo que se adhiere a través de un desfasaje y un anacronismo. Aquellos que coinciden completamente con la época, que concuerdan en cualquier punto con ella, no son contemporáneos pues, justamente por ello, no logran verla, no pueden mantener fija la mirada sobre ella. Los dos últimos siglos (el XIX y el XX), son ya tiempos históricos colectivos. La contemporaneidad se inscribe en el presente y lo marca, ante todo, como arcaicos. Solo quien percibe lo moderno, y halla los indicios y las marcas de lo arcaico, puede ser contemporáneo. Arcaico significa: cercano al *arké* (*arjé*), es decir, al origen. Pero el origen no está situado sólo en un pasado cronológico. Uno es contemporáneo en relación al devenir histórico y lo transita *per se*.

En el capítulo siguiente, precisamente esto lo veremos en la evolución de la Publicidad, y el salto cuanti-cualitativo que realiza en la segunda Posguerra; sobre todo, después de los acuerdos de Bretton Woods.

Es una nueva Publicidad, no solo por sus ampulosos presupuestos, sino también, por una nueva estética en cuanto al tratamiento de la imagen y el texto, cuyo corolario será los años sesenta.

Cinco

Proto-publicidad y etapas siguientes

Expuesto en capítulos anteriores, los conceptos preliminares sobre la idea de lo moderno, en su extensión y variantes, nos permite ingresar en las etapas históricas de la disciplina. Conocer y acordar previamente esas nociones, nos ubica en un más claro marco de referencia, rigurosidad y argumentación. Así comenzaremos con el debate sobre el fenómeno evolutivo del quehacer publicitario.

De tal modo, partimos de un aparente primer «aviso publicitario» (ANAUD, 1990), que tiene casi tres mil años de antigüedad. Es un papiro egipcio, encontrado en Tebas, que se conserva aún en el Museo Británico de Londres, que reza lo siguiente:

> HABIENDO HUIDO EL ESCLAVO SHEM DE SU PATRONO HAPU, EL TEJEDOR, ESTE INVITA A TODOS LOS BUENOS CIUDADANOS DE TEBAS A ENCONTRARLE. ES UN HITITA, DE CINCO PIES DE ALTO, DE ROBUSTA COMPLEXIÓN Y OJOS CASTAÑOS. SE OFRECE MEDIA PIEZA DE ORO A QUIEN DÉ INFORMACIÓN ACERCA DE SU PARADERO; A QUIEN LO DEVUELVA A LA TIENDA DE HAPU, EL TEJEDOR, DONDE SE TEJEN LAS MÁS BELLAS TELAS AL GUSTO DE CADA UNO, SE LE ENTREGARÁ UNA PIEZA ENTERA DE ORO.

Esas palabras son consideradas, por algunos investigadores, como un formato rudimentario de publicidad. En realidad, está más cerca de ser una orden de captura recomendada, que una propuesta seudo publicitaria

Podemos decir que, en la antigua Grecia, hacia el 480 a.C, aparecieron los primeros medios de propaganda.[12] Se

---

[12] N.del A: En la investigación, se menciona la palabra «propaganda». sin contraste técnico con la definición de Publicidad. Se recomienda la

trataba de «*axones*» (paralelepípedos), hechos de madera pintada de blanco en los que se inscribió el código de leyes de Solón, luego de la batalla de Salamina, contra los persas. También proceden de aquella época los «*kyrbos*». cilindros de maderas en los que se incluía todo tipo de comunicados. Más tarde, en Roma surgieron los «*alba*» y los «*libelli*». Los primeros eran tablones de anuncios permanentes, antecesores de la gigantografía. Y los segundos, una especie de pergamino de cuero estirado y alisado que se adhería en los muros, al igual que los actuales afiches. Ambos soportes tenían varios propósitos: para publicar avisos oficiales, o como anuncios relacionados a la venta de esclavos, espectáculos, alquileres de casas y objetos encontrados (Kleppner, 2001).

I. Orígenes difusos y discutidos

Como se puede observar, muchos son los debates, literatura y escritores que han relatado los discutidos orígenes de la publicidad. Lo innegable es que, en su mayoría, estos textos insisten en encontrar el nacimiento de la publicidad en los albores de la historia de las civilizaciones, pero se pierden en un tiempo bastante nebuloso. Algunos relatos atraviesan China, India, Persia, Arabia, el Tigris y el Éufrates, la Grecia de Pericles, la Roma Imperial; asimismo, recorren la Edad Media, hasta toparse con el Renacimiento. Es verdad que, en estas diferentes épocas, culturas y civilizaciones, coexistía una actividad mercantil muy importante, y en algunos casos, muy poderosa. La historia también nos habla de mercaderes, banqueros y

lectura de: Domenach, J. M. (1986). *La Propaganda Política*. Buenos Aires: Eudeba.

comerciantes, en una sociedad feudal que en un momento entra en decadencia por múltiples factores, y que, de cuyas entrañas surgirá la ya mencionada «Edad Moderna». Se debe destacar que, por aquellos tiempos, las tecnologías de comunicación eran muy rudimentarias: carteles de madera, tablas de barro, inscripciones en piedra, algunos anuncios en tela o en algún tipo de papel elemental, y pregoneros o personas que en las calles y en ferias anunciaban sus productos. Alternativamente, pequeños comerciantes viajaban en sus carromatos de pueblo en pueblo ofreciendo sus mercancías. Pero en honor a la rigurosidad, no encontramos por aquel entonces una «publicidad». tal como la vamos a conocer hasta mediados del siglo XVIII (el Siglo de las luces): es el auge de la Primera Revolución Industrial, donde se configura una burguesía industrial, cuyo origen es la burguesía comerciante que intermediaba productos entre el campo y la ciudad. Si lo aceptamos de tal manera, podemos decir que en ese universo, sobrevolaba una manera primitiva de comunicar productos y servicios (como se señalaba): tabernas, barberos, zapateros, herreros, etcétera. Esta descripción de ninguna manera avala un concepto que nos ancle con la idea, de lo que podríamos denominar «publicidad». Durante el Medioevo, se utilizaban grabados o xilográficas. Los manuscritos se tallaban en planchas de madera que se entintaban a modo de sellos (xilografías), lo cual permitía obtener cierto número de reproducciones en un pergamino. Estos grabados eran utilizados por la Iglesia y se colocaban los días festivos, los domingos, los días de boda o de bautismo.

Pero fue la imprenta de tipos móviles, difundida por Gutenberg en el *Quattrocento* (siglo XV), en pleno Renacimiento, la que produciría una verdadera revolución en cuanto a la posibilidad de difundir y reproducir un mismo mensaje de manera masiva. Los tipos móviles, son pequeñas unidades de plomo o madera, en cuya base aparece una letra en relieve y así, se pueden armar textos. Estos tipos ordenados en páginas, se entintaban, se aplicaban como un sello sobre un papel. Este procedimiento, permitía una reproducción más rápida. De este modo, la combinación de los tipos móviles, permitía la impresión de cualquier texto en cantidades que se quisiera. A partir de la expansión de la imprenta, se inicia una nueva etapa para la comunicación de masas que hasta ese momento no había existido. Al mismo tiempo, el crecimiento de los centros urbanos fue favoreciendo el desarrollo de la futura publicidad, como técnica y como herramienta eficaz de comunicación, específica y masiva. La necesidad de informar al público las bondades de los productos que llegaban a la ciudad, ofertas o servicios, llevó a utilizar este recurso, que fortalecería con el tiempo el crecimiento de los mercados de consumo y la propia dinámica de la economía. En 1711, el periódico inglés *The Spectator*, descubre que la venta de espacios publicitarios, permitiría abaratar los costos del ejemplar. Los anunciantes serían quienes financiarían los costos de la edición. De este modo, surge el concepto de tarifa publicitaria: un medio cotiza el valor de su espacio publicitario en función de la tirada (cantidad de ejemplares impresos) o de la cantidad de lectores que tenga. En 1845 nace en Francia la primera agencia de publicidad: «Societé Génerale des Annonces» (Anaut, 1990). Su modelo de negocio, consistía en prestar servicios a los anunciantes y a mediar entre estos y los medios de comunicación. En Argentina, la primera campaña fue desarrollada en 1864 y la primera agencia se instala en Buenos Aires en 1898.[13]

---

[13] Borrini, Alberto: *op. cit.*

II. Entre el siglo XIX largo y el siglo XX corto

Pareciese que la historia y la evolución de la Publicidad, se enmarca a la perfección, con los contextos que describe y explica, el historiador y autor británico Eric Hobsbawn. Y, a decir verdad, no es casual. Como se mencionaba, la Publicidad tiene sus orígenes en los eventos del siglo XVIII y se verán potenciados durante el siglo siguiente. Para resumir lo dicho, Hobsbawn nos habla en su análisis particular que, más allá de la definición cronológica de lo que implica en años, un siglo; formula la concepción del siglo XIX largo o largo siglo XIX (*the Long Nineteenth Century*). Es un término que propone el autor para referirse al período histórico de 125 años comprendido entre 1789 y 1914; donde justamente coincide (para nuestro estudio), el surgimiento de los primeros agentes publicitarios. Recordemos que, el período en cuestión, se inicia con la Revolución Francesa. Un hito socio-político, que estableció la República pos-monárquica en Europa. Y finaliza con el comienzo de la Primera Guerra Mundial. Luego de la gran conflagración bélica, se eliminó definitivamente el largo equilibrio de poder o de fuerzas que había caracterizado al siglo XIX (1801-1900). Estos hechos y eventos representaron saltos significativos en la historia, no sólo europea, sino a nivel mundial. Se trató de transformaciones que redefinieron toda una Era. Entre ellas, el gran crecimiento de las grandes compañías industriales que, a la postre, se esparcirán por el planeta entero y necesitarán de la Publicidad para potenciar ventas y consumo. Por otro lado, Hobsbawn, sugiere que el «siglo XX corto» (*Short Twentieth Century*), comenzó con el estallido de la primera Guerra Mundial y finaliza con la disolución de la Unión Soviética a finales de 1991. Es un concepto originalmente desarrollado por el miembro de la Academia Húngara de

Ciencias, Iván Berend, y desplegado por Eric Hobsbawm, para referirse al período de 77 años comprendido entre 1914 y 1991.

III. Las etapas históricas de la Publicidad

Con lo revelado y para un análisis ordenado, me he permitido presentar 5 momentos históricos que, en función de este ensayo, considero particularmente como una clasificación adecuada que va mutando lentamente. Como juicio particular, describen claramente la evolución de la publicidad, desde una perspectiva socio-histórica:

- **A.** La Publicidad pre-moderna (Proto-publicidad): Anterior a la Revolución Industrial. Aparecen variopintos y discutidos antecedentes históricos, con fuentes poco rigurosas que hablan de su origen. Se encuentra cierto tipo de acciones de comunicación, revestidas de un cierto halo propagandístico o publicitario, que no necesariamente se denominaría Publicidad en un sentido estricto.

- **B.** La Publicidad decimonónica (siglo XIX): Desde la Revolución Industrial hasta el inició de la Primera Guerra Mundial (1914-1918). Es el choque de dos mundos muy diferentes, entre el siglo XIX y siglo XX. En esta etapa, asoman los agentes publicitarios y luego las agencias. Es el despegue de la Publicidad, en paralelo con la expansión del capitalismo y la sociedad de masas. Se gestan los grandes mercados de consumo (la vida cotidiana se concentra en grandes urbes). Comienza lentamente el fenómeno de los *mass media*. Es un momento de rupturas de paradigmas. Aquí, se instalan las primeras agencias, que van a usufructuar de la luz eléctrica, la fotografía, el cine, el neón, el teléfono y otros desarrollos importantes de aquella época, como los Rayos X. Y lo más importante, un invento que estaba por salir a la luz y, que se consolidará en la década del 20: «La Radio». En este sentido, Argentina, fue el primer país en el mundo, que aplicó una pauta publicitaria paga en ese primer medio electrónico de comunicación masiva.

En este período, vamos a ver que La Revolución Industrial, no reduce su campo de acción, de análisis y estudio exclusivamente a la revolución mecánica y a la máquina a vapor. Sus efectos trascienden este terreno e impactan como un meteorito en las transformaciones que va a recibir sobre todo el siglo XX. Nada iba a ser como antes.

Debemos comprender que el siglo XVIII también es una resultante de procesos que se van a ir generando desde el Renacimiento. Entendido este último, como bisagra con los trece oscuros siglos que duró la Edad Media, que se extendía desde la caída del Imperio Romano de Occidente hasta el siglo XV. No hay nada que suceda por generación espontánea. El siglo XVIII es el gran acaparador de tales cambios (Revolución Industrial, Iluminismo, Revolución Francesa, surgimiento de la burguesía industrial, crisis y decadencia del poder monárquico, independencia de los Estados Unidos, etcétera). El siglo XIX tiene un rol más receptivo. Es como un seno materno, donde el embrión iluminista de estas transformaciones se va desarrollando, y que darán nacimiento a una nueva sociedad que se consolidará en el siglo XX.

Los aportes intelectuales y científicos decimonónicos, enriquecieron el debate en las artes y las ciencias. En consecuencia, la publicidad es una resultante de la Revolución Industrial. Es donde comienza la producción de bienes y servicios elaborados, manufacturados: las materias primas ingresaban por un lado de una máquina, y por otra salía un producto terminado. Ese producto necesitaba una denominación o identificación, es decir, una marca. Esa marca debía ser debidamente comunicada a los consumidores. Y esos consumidores elegían entre un abanico de productos similares o sucedáneos que estaban presentes en un mercado y en una incipiente sociedad de consumo. Aparecía la competencia, y el libre juego de la oferta y la demanda en diferentes categorías. Las estrategias de precios, las políticas de penetración de mercado y de captación de nuevos consumidores, las zonas de crecimiento urbano y la explotación de recursos naturales, eran variables clave para la expansión del comercio mundial.

▪ **COCA-COLA:** La primera gran campaña que ingresa en el siglo XX. Se puede coincidir que la primera gran campaña publicitaria que compartió dos siglos, fue la incipiente marca Coca Cola en su momento. Entre fines del siglo XIX y principios de siglo XX, la compañía lanza una campaña muy agresiva (en el mejor sentido de la palabra) con el objetivo que el ciudadano medio estadounidense conozca el producto:

> «La clase alta bebe champagne, las clases populares beben cerveza. Pero ambas, comparten Coca-Cola».

Vista en perspectiva, fue, sin duda, una campaña de avanzada para su época. Porque no solo utilizó los medios de comunicación de la época, sino que también, aplicó estrategias de promoción y *merchandising* en los puntos de

venta, que aún hoy se aplican. Todo pensado y desarrollado por su primer dueño Asa Candler. Un visionario y adelantado de su tiempo.

The Coca-Cola Company se fundó en 1892. Coca-Cola se inventó y vendió por primera vez en 1886. Tres años después, en 1889, la fórmula secreta y la marca fueron compradas por Asa Griggs Candler, quien creó The Coca-Cola Company. El 5 de septiembre de 1919, un consorcio de empresarios liderados por un empresario famoso de aquella época, Ernest Woodruff, compró The Coca-Cola Company por 25 millones de dólares a los hijos de Asa, el creador de la marca. La Compañía, más tarde, comenzó a cotizar en la Bolsa de Nueva York. En Argentina inició sus actividades en 1942. Actualmente su portafolio incluye más de 80 opciones de bebidas, de las cuales el 45% son bajas y cero calorías. La Compañía Coca Cola es la empresa de bebidas más grande del mundo, con más de 500 marcas de bebidas gaseosas y sin gas. Es una de las marcas más valiosas y reconocidas. De igual manera este portafolio de la Compañía, incluye veinte marcas valuadas en más de mil millones de dólares. Mundialmente, es el proveedor número uno de bebidas gaseosas, cafés listos para beber y bebidas hechas de jugo. Posee el sistema de distribución de bebidas más grande del planeta, estando presente en más de doscientos países.

IV. La trilogía: Propaganda, Publicidad y Relaciones Públicas

Es una etapa que, sin buscarlo, irrumpe como eslabón entre la fundadora publicidad del siglo diecinueve y los cambios que propondrá el siglo veinte. Es un ciclo de integración, donde en un momento dado, se produce el encuentro entre las tres técnicas de comunicación en un mismo escenario. Sus profesionales, comienzan a convivir y a operar en conjunto, tanto en empresas, instituciones y gobierno. Finalizado este momento, se desembocará en la publicidad posguerra que denominaremos —como ya se señaló— Publicidad Moderna.

1. La Propaganda

Es un concepto estrechamente vinculado con la publicidad. En el uso popular, ambos vocablos suelen tomarse incorrectamente como sinónimos. Técnicamente tienen funciones y objetivos diferentes. La raíz de la palabra «propaganda» proviene de *propagare fide*: «Propagación de la fe». Allí está su raíz histórica, en la iglesia medieval: «... id y propagar la fe cristiana por el mundo» (DOMENACH, 1986, p. 16). La propaganda opera sobre disposiciones valorativas ideológicas, la publicidad sobre comportamientos y actividades relacionadas al libre mercado y al consumo en su función originaria.

2. La Publicidad

No es otra cosa que la propaganda aplicada en el campo comercial. La propaganda es la gestión de la comunicación en colectivos sociales, mediante el empleo de símbolos significativos apartados de toda consecuencia mercantil: se aplica en el marco de la existencia de una mentalidad o manera de pensar compartida, muchas veces, no es un dato directo de la experiencia, sino que se infiere a partir de señales que tienen un significado convencional, aceptado y apropiado por un grupo de personas. Se considera la palabra mentalidad como la propensión a actuar de acuerdo a ciertos patrones de valoración. Decimos, por ejemplo, que los votantes de una determinada tendencia resisten a un candidato. Al hacerlo, se resume la tendencia de un grupo social a proceder de determinada manera ante un objetivo determinado y en un contexto específico. Los patrones valorativos sobre los cuales se funda esta actitud colectiva pueden ser desde los gestos primitivos de la cara y el cuerpo, hasta las más sofisticadas acciones verbales o escritas. Tomados en conjunto, estas cuestiones que tienen un significado estándar para un grupo, se llaman símbolos significativos, los cuales usufructúa la propaganda y que son producciones de la vida pública. En tal sentido, los fenómenos colectivos tienden a tratarse como si estuvieran en un plano separado de las acciones individuales. Los antropólogos han introducido la noción de patrón para designar las uniformidades comunes en una mentalidad durante un determinado tiempo y espacio y de la palabra mencionada. Por lo tanto, la mentalidad colectiva, entendida como un patrón, surge de la distribución y combinación de actos individuales. Las actitudes colectivas son susceptibles de sufrir todo tipo de alteraciones. La realineación y su reordenamiento se producen principalmente bajo el impulso

de símbolos significativos, y la técnica de utilizar símbolos significativos para este propósito es la propaganda.

PUBLICIDAD Y PROPAGANDA POLÍTICA. ENTRE GUERRAS Y CRISIS DEL '29 (1914-1945)

En este período —ya consolidada una publicidad incipiente— que comprendió dos grandes guerras y una crisis financiera y social en el medio, obligó a los gobiernos a solicitar de los servicios de agencias de publicidad, prensa y relaciones públicas; para fortalecer el vínculo entre Estado y ciudadanía. En este sentido, los publicitarios de aquel entonces aplicaron sus conocimientos y su experiencia al campo social, ideológico y político (tema que tendrá mayor extensión en párrafos posteriores).

En esa etapa, la Publicidad deja paso a la propaganda. Los periodistas, relacionistas públicos y publicitarios de aquella época, estaban más enfocados en la comunicación social y política. Era un escenario de crisis mundial que, de alguna manera, los obligaba a esa tarea. Un caso testigo fue, David Ogilvy —padre de publicidad moderna- que, durante la segunda Guerra Mundial, trabajó para los aliados en ese campo de la comunicación política—. Finalizada la primera guerra, se dibujó un nuevo mapa en Europa, y a la postre, promover una reconstrucción que duraría muy poco, quebrada por el preludio de la segunda gran guerra. En esta época de tanta incertidumbre, la radio —sobre todo desde la década del '20— hará valer su hegemonía mediática, penetrando e influyendo con su relato en todos los hogares. Ya nos encontramos con grandes agencias. El epicentro publicitario, serán los Estados Unidos, y puntualmente Madison Avenue en Nueva York (ver foto).

La propaganda, fue utilizada por los Estados Unidos, el Reino Unido, Alemania, la exURSS y otros países; por un lado para fortalecer el espíritu patrióticos de las masas y por otro, para demonizar a los enemigos. Vale destacar que, esta misma estrategia mediática, muchos años después, fue utilizada por el Viet Cong para desmoralizar a las tropas estadounidense en Vietnam (Viêt Công: denominación utilizada por Estados Unidos y sus aliados de Vietnam del Sur a los comunistas del Vietnam del Norte).

Utilizar los medios de comunicación masiva como herramientas de acción política e ideológica, que aun, hoy en día amalgamados con las redes sociales, se siguen usando, resultó en elaborar sofisticados esfuerzos en comunicación, conforme al talento de publicitarios y relacionistas públicos del momento. Entre ambas disciplinas erigieron un efectivo aparato de propaganda política. En medio de dichas conflagraciones, Estados Unidos monopolizó la propaganda para fortalecer el espíritu patriótico y el reclutamiento de sus ciudadanos. Del mismo modo, la Unión Soviética, pregonaba mensajes contra el capitalismo occidental y la propaganda nazi y fortalecía el mito germánico de la raza superior, esgrimiendo la mentira como estrategia de triunfo, de la mano de Joseph Goebbels Ministro de Propagando del Tercer Reich (Domenach, 1986).

Finalizada la segunda Guerra Mundial, esta experiencia adquirida en la comunicación de masas, se provechó en estrategias publicitarias con fines comerciales.

COMUNICACIÓN POLÍTICA Y PUBLICIDAD

En el campo de la comunicación social hay varias áreas de especialización como en cualquier profesión: aquí encontramos técnicas de comunicación como la Publicidad, el Periodismo, las Relaciones Públicas o la Propaganda. Cada una de ellas, con competencias y objetivos propios.

En este punto, se habla de comunicación política, entendida y enmarcada en el ámbito de la política partidaria. Y en realidad, es una idea distorsionada, acotada o mal entendida. Si bien se puede aplicar al campo partidario, no necesariamente, cuando hablamos de comunicación en tal sentido, nos referimos a ese espacio específico.

La labor en el campo de la comunicación política, es mucho más amplio y deriva de la comunicación social. Refiere conceptualmente a las estrategias elaboradas y las tácticas llevadas a cabo, con el objetivo de lograr mejores relaciones entre diferentes colectivos sociales.

Es decir: ¿cómo elaboro una aceitada estrategia de comunicación en el marco de las relaciones de intereses y de poder entre grupos variopintos, con diferentes organizaciones o en vínculos interpersonales?

La palabra Política, recordemos que, deviene del vocablo «*polis*». ciudad. La *polis* en la antigüedad era una organización urbana, donde sus actores estaban sujetos a relaciones de intereses y de poder, desde que nacían hasta que morían. Mantenían buenas o malas relaciones políticas entre vecinos o con otras jerarquías de la urbe.

Por lo tanto, la comunicación política, es una práctica que tiene como objetivo último, lograr acuerdos y resultados entre partes, evitando el conflicto. Nosotros, quizás sin saberlo o proponerlo, hacemos comunicación política todos los días: en el trabajo, en el hogar, en la escuela, en el club, etcétera.

Entonces, de la misma manera, podemos hablar de comunicación empresaria, como una forma específica y focalizada de hacer comunicación política corporativa. Del paraguas de la comunicación corporativa se desprende, para el caso, la comunicación institucional, encargada de entablar el diálogo y generar vínculos con la comunidad, los medios y otras organizaciones.

Cuando aparece un profesional dedicado a este campo, entonces el mismo, se aboca a investigar y elaborar estrategias de comunicación apropiadas. No improvisa y descarta toda apreciación subjetiva y personal al respecto. «El profesional no opina. El profesional argumenta».

Con lo revelado, entonces podemos hacer una separata técnica en cuanto a definiciones conceptuales:

A. **COMUNICACIÓN POLÍTICA:** Ya explicamos la definición amplia y general del término.

B. **PROPAGANDA POLÍTICA:** Es la propaganda, precisamente aplicada en el campo de la política partidaria. Ya que si no, por otro lado, podríamos hablar de propaganda religiosa, propaganda ecológica, propaganda de bien público, etcétera. Su impronta no es comercial. No posee fines de lucro. Su propósito puede ser, político, social, religioso u otro. Por ejemplo: una campaña de vacunación o de protección del medio ambiente. Su impronta no es comercial. No posee fines de lucro.

C. **PUBLICIDAD POLÍTICA:** Es un concepto incorrecto, porque la publicidad es una técnica de comunicación comercial. Sus objetivos atienden a la comunicación con el mercado de consumo. Comunica, marca, productos o servicios. Y utiliza los medios de comunicación, las plataformas digitales o la comunicación directa con ese fin.

D. **MARKETING POLÍTICO:** Es una definición que, fácilmente muchos comunicadores, la toman o confunden como sinónimo de comunicación política o propaganda política, siendo rigurosos. Para explicarlo claramente, imagine que usted ve en diferentes medios de comunicación, una campaña de un determinado partido político. Inmediatamente el interloculor de turno expresa: —Tal partido político está haciendo su marketing político. Error. Lo que está expuesto en los medios, no es marketing, es comunicación.

Otro ejemplo que sirve para ilustrar, es cuando se muestra un spot publicitario. Allí no está revelada la estrategia de marketing. Sería absurdo pensar eso. Lo que se ve, es la pieza de comunicación, tanto de una marca, o de un candidato político. Las estrategias de marketing no se exhiben, son confidencias, al igual que cualquier otro tipo de estrategias.

OBSERVACIÓN: El marketing, no se ve, está implícito en una pieza de comunicación que se despliega en los medios. De igual modo, sucede con el marketing político. Es un trabajo estratégico a puertas cerradas. El público accede a las acciones (tácticas) que materializan una estrategia.

Las piezas de comunicación son los elementos tácticos que se manifiestan en los espacios de contacto directo, en medios o en las redes. Por eso, siempre se sostiene, como condición necesaria que, en la planificación (estrategias), desarrollo (elaboración o producción de piezas) e implementación de una campaña, las tácticas materializan las estrategias. Es decir: primero pienso y luego actúo.

Entre fines de la década del cincuenta y principios de la siguiente, el marketing, nace en paralelo con la investigación de mercado para facilitar el análisis y factibilidad en inversiones y riesgo, en desarrollo de productos y estrategias de comerciales. Es un espacio profesional multidisciplinar que optimiza la actividad publicitaria en su cometido. Su objetivo básico es potenciar el posicionamiento de una marca, consolidar la imagen corporativa y fortalecer la mejor venta de un objeto producto o servicio. Es un proceso previo de trabajo, la mayoría de las veces cerrado y confidencial, como se detalló oportunamente.

Con el marketing político pasa exactamente lo mismo; el objeto de estudio y análisis estratégico, no es un producto o una marca, sino un candidato y su entorno. Analiza e investiga las condiciones de posibilidad del mismo frente a: una elección, a su gestión, a la opinión pública, a los medios y en su relación con otras organizaciones políticas o sociales. Por lo tanto, es aquí donde la propaganda puede encontrarse bajo un amplio criterio de aplicaciones.

NOTA: Cabe señalar para el caso que, algunas campañas las llevan a cabo organizaciones sin fines de lucro, cuyo objetivo es tan preciso como restringido; otras las conducen asociaciones civiles, partidos políticos, entidades religiosas o gobiernos; que tienen sus propios planes institucionales. Ningún tipo de propaganda se ajusta a una categoría definida y no se debe olvidar que las clasificaciones se crean convencionalmente. La tarea del agente de propaganda es intensificar las actitudes convenientes a su propósito para revertir las actitudes hostiles como, por ejemplo: lograr que la opinión pública sea favorable, atraer a los indiferentes o cuando menos, impedir que asuman una inclinación negativa.

CARACTERÍSTICAS QUE COMPARTE CON LA PUBLICIDAD

Considerando propuestas sociales, el propósito de la propaganda es multiplicar todas las propuestas favorables en los grupos sociales, mientras restringe todas aquellas actitudes que le sean desfavorables. Las dificultades terminológicas desaparecen cuando pasamos del problema de los elementos de propaganda a escoger, a discutir sobre los transmisores específicos de la materia propagandística. La forma mediante la cual lo simbólico se encara para llegar al público varía mucho. La permanente función de la propaganda en la vida moderna se debe, en gran medida, a su carácter omnipresente [...] y se aceleró tras la rápida aparición de los cambios tecnológicos, que acentuaron la conexión entre los gobernantes y los gobernados.

APOSTILLA: «La propaganda comunista en la Unión Soviética, se basó ampliamente en la ideología marxista-leninista para promover la línea del Partido Comunista. En las sociedades con una censura generalizada, las falsedades en cada campo fueron incesantemente frotadas en la impresión, en reuniones interminables, en la escuela, en manifestaciones masivas, en la radio». (R. CONQUEST, 2000)

3. Las Relaciones Públicas

La mayoría de los libros de texto consideran que el establecimiento de la oficina de la publicidad en 1900 es la fundación de la profesión de las relaciones públicas (CASTILLO, 2010). De tal situación, se puede inferir que estos dos campos de la comunicación han coexistido casi desde sus orígenes. No obstante, quedó en claro desde un principio que, más allá de un trabajo, en ocasiones, mancomunado, ambas profesiones atienden y operan es contextos específicos con objetivos independientes.

> «Las Relaciones Públicas son una disciplina que cuenta con una presencia esencial en el seno de las organizaciones, porque coadyuva a la gestión estratégica de la comunicación de cualquier de éstas. Esa es la esencia de las RR.PP. y consiste en conocer, gestionar o investigar a los diferentes públicos que posee una organización dada [...] Pero también las entidades públicas (Poder Ejecutivo, Poder Legislativo y Poder Judicial) deben relacionarse con sus públicos para establecer vínculos satisfactorios de una manera mutua...». (CASTILLO, 2010:11).

Sin embargo, los académicos han encontrado formas tempranas de influencia pública y gestión de las comunicaciones en las civilizaciones antiguas, durante la colonización del Nuevo Mundo y durante el movimiento para abolir la esclavitud en Inglaterra.

Basilio Clark, es considerado el fundador de las relaciones públicas en el Reino Unido, en su establecimiento de Servicios Editoriales en 1924. Aunque el académico Noel Turnball cree que las relaciones públicas fueron fundadas en Gran Bretaña por primera vez por los evangélicos y los reformadores victorianos.

Según el historiador Eric Goldman, por la década de 1940 las Relaciones Públicas que se enseñaban en universidades, ya era considerada una actividad profesional similar a la de abogados y médicos. El autor Marvin Olasky, afirmó en 1987 que la reputación de la profesión estaba empeorando, mientras que Robert L. Heath de la Universidad de Houston, expresó en 1991 que estaba progresando hacia la «verdadera situación profesional. El académico J.A.R. Pimlott destacó que, se había logrado el cuasi-profesionalismo. La mayoría de los historiadores creen, en este caso, que las relaciones públicas se establecieron por primera vez en los Estados Unidos de la mano de Ivy Lee o Edward Bernays. Luego, se extendió a nivel internacional. Muchas empresas estadounidenses con departamentos de relaciones públicas difundieron la misma en Europa, cuando crearon filiales en el viejo continente, como resultado del Plan Marshall. La segunda mitad del siglo XX se considera la Era de desarrollo profesional de las relaciones públicas (Ferrari, 2011). Scott Cutlip afirma: «Arbitrariamente ponemos como comienzos de la profesionalización de las relaciones públicas en el establecimiento de la Oficina de Publicidad en Boston a mediados de 1900». Explica que el origen de las relaciones públicas no se puede ceñir a una fecha exacta, ya que se desarrollaron con el tiempo a través de una serie de diferentes eventos.

Al mismo tiempo, Manningsin y Noel Turnball afirmaron que comenzó como un campo profesional en el siglo XVIII y XIX con los evangelistas ingleses y reformadores victorianos. Las relaciones públicas fueron fundadas, en parte, para defender los intereses empresariales contra los artículos de noticias sensacionalistas y extremadamente críticos. La Publicity Bureau fue la primera agencia de relaciones públicas y fue fundada por ex-periodistas de Boston incluyendo a Ivy Lee, a veces llamado el padre de ellas por su influencia en el establecimiento de las relaciones públicas como una práctica profesional. En 1906, Lee publicó una Declaración de Principios, que decía que el trabajo de relaciones públicas debe hacerse libremente, debe ser preciso y cubrir temas de interés público.

En definitiva, la trilogía **PUBLICIDAD**, **PROPAGANDA** y **RELACIONES PÚBLICAS**, está unida por un mismo hilo conductor: Los efectos de la comunicación de masas en la opinión pública, aplicando objetivos particulares, a veces mancomunados.

4. La Publicidad hacia una nueva modernidad

Entre 1945 y 1960 nos encontramos con una fase de transición de posguerra, que dio inicio a la etapa que se describe. Su período, comprende entonces, desde el fin de la segunda Guerra Mundial, hasta el lanzamiento de Windows 95, donde se consolida la globalización digital. Como se puede entender, la publicidad moderna, la analizamos sincrónicamente, en un cierto momento histórico dado. De tal modo, es así que, convencionalmente, le daremos la categoría «moderna» a un lugar concreto de su evolución. En este caso, se sistematizó con otros períodos históricos, para ordenarla y situarla. Vale aclarar que, esta clasificación no corresponde a ciclos con principio y fin determinados. En esta etapa, se comienza a dar forma una nueva práctica que adquirirá la sociedad para informarse de manera más ágil y dinámica. Conociendo desde hace muchas décadas el poder de los medios, la explosión de los grandes holdings corporativos, resultará en formas y relatos sobre la realidad que se acondicionarán a miradas particulares y a intereses de parte. Hecho objetivo y noticia, no siempre irán de la mano.

Este escenario es propicio para la publicidad y las marcas. Serán los modernos medios de comunicación gráficos y audiovisuales, los que recibirán las cuantiosas inversiones publicitarias de las empresas anunciantes. Como enlace entre medios y anunciantes, las agencias de publicidad que planificaban y realizaban las campañas reciben millonarios dividendos por su trabajo profesional. Nunca antes, el negocio publicitario había experimentado tamaño crecimiento. A partir de este momento las marcas, los medios y la publicidad van a formar una tríada inseparable e interdependiente.

NOTA: Recordemos que, el siglo XX es la última centuria en la que se ingresó en carreta y a caballo. En menos de cincuenta años, alcanzó un desarrollo tecno-científico sin precedentes en la evolución humana. Jamás civilización alguna había alcanzado semejante grado de desarrollo, sobre todo, en un lapso tan corto. Todos los siglos precedentes, habían transcurrido en carreta y en caballo. El siglo XX en menos de cinco décadas contaba con comunicaciones globales, aviones a reacción, computadoras, desarrollos biotecnológicos, manipulación del átomo, naves espaciales, etcétera. En esta atmósfera, la publicidad cumplía su misión y asumió el rol que le tocaba en el terreno de la comunicación humana y social.

Como se ha destacado en capítulos anteriores, la Publicidad alcanza el momento de posguerra, hallamos un modelo muy desarrollado como profesión y como negocio. Para ese entonces, ya se estudia e investiga como fenómeno social en el ámbito académico y en las escuelas de negocios. Desde aquí, atravesando los felices 50, los «Dorados Sesenta» y las «Crisis del petróleo del '73», llega con toda su impronta hasta el período contemporáneo. Podemos mencionar a la televisión como un ícono tecnológico del siglo XX, junto a hitos, como la llegada del hombre a la Luna o la guerra de Vietnam. Surge Arpanet que dará origen a Internet.

En este entorno, se consolida el negocio publicitario, potenciado e influenciado por los grandes cambios sociopolíticos, ideológicos, económicos y tecnológicos. Ya se explicó que, en la segunda posguerra, la Publicidad se hace más compleja y que luego, comienza a trabajar en conjunto con la investigación de mercado y el incipiente marketing. Se dice que la Publicidad llega a su mayoría de edad. En el caso de la Publicidad, encierra una comunicación pedagógica que se vuelca a objetivos que fomentaban nuevas prácticas de consumo y posicionamiento de marcas (RIES y TROUT, 1982).

REFERENCIA: Entre la década del '50 y '60, en plena expansión de la Sociedad de Consumo, el imponente desarrollo de todo tipo productos, se encontró con el primer problema a resolver. Las tecnologías que dejaba la guerra, se reorientaron principalmente hacia la industria, y por defecto a la sociedad en su conjunto. De esta manera, resultaba en la proliferación de productos muy similares en cada categoría. La pregunta entonces fue, como diferenciar productos similares frente al consumidor ávido de comprar.

La respuesta estaba, por un lado, en pensar estrategias innovadoras en desarrollo y comercialización. Por otro lado, investigar permanentemente el mercado y al consumidor en sí. Y, finalmente, fortalecer el poder simbólico de una marca. Es decir, que el consumidor comience a elegir marcas por sobre el producto propiamente dicho. Lentamente iba llegando la Era del Marketing. En esa instancia aparecen algunos nombres que marcaron tendencia.

El publicitario Rosser Reeves, diseña la conocida estrategia USP (*Unique Selling Proposition*-Propuesta única de venta). Esta técnica, fue ideada por él, siendo presidente del directorio de la agencia estadounidense, Ted Bates & Co.

En 1954, Reeves fue pionero en la creación del primer *spot* televisivo para el analgésico «Anacín». La duración era de 60 segundos. Reeves aplicó su USP a una propuesta publicitaria, donde se articulaba comunicación y comercialización a la vez. El USP marcaba, a través de un anuncio publicitario, cuál era la diferencia de cada producto y su marca, en relación con la competencia. Una vez que el espacio existente en la mente del potencial consumidor reconocía la categoría de producto se consolidaba con la marca anunciada. Así, supuestamente, los productos de la competencia serían eliminados. Un concepto superado a fines de los años 60, fue «el posicionamiento». desarrollado por Al Ries y Jack Trout, donde, ya no se hablaba de características físicas del producto, sino de las características simbólicos de una marca. Entre los años 70 y 80, ya se comienza a hablar de cadena de valor (Kaplinsky y Morris, 2009).

Seis

Bretton Woods inaugura la Publicidad Moderna. Nuevo orden Mundial. Los acuerdos

«Los acuerdos de Bretton Woods hacen referencia a las decisiones tomadas en la convención que en julio de 1944 reunió a 44 países con el fin de establecer un nuevo modelo económico mundial de posguerra, donde se fijarían las reglas de las relaciones comerciales y financieras entre los países más industrializados.»

DANIEL JIMÉNEZ BERMEJO, 2019

¿Cómo se consolida este escenario?

Durante la segunda Guerra Mundial, acontecen cuatro grandes momentos que van a definir los siguientes 50 años del siglo XX:

1. La Carta del Atlántico (que anticipará Bretton Wood).
2. El Encuentro de Bretton Woods propiamente dicho.
3. La Conferencia de Potsdam.
4. El Tratado de Yalta.

De los cuatro sucesos mencionados, el segundo, es el que nos ocupa. El encuentro debe su nombre al Hotel Mount Washington, en el complejo hotelero de Bretton Woods (New Hampshire, Estados Unidos, ver foto). Allí se realizó la histórica reunión entre el 1 y el 22 de julio de 1944. La reunión involucró las resoluciones de la conferencia monetaria y financiera de las Naciones Unidas.

Vislumbrando la posible caída de la Alemania nazi, la convocatoria, plantará las bases de un nuevo orden económico y político de posguerra en Occidente y sus regiones de influencia. Ese clima de sucesivas conferencias, tratados y reuniones, reconoce un nuevo mundo bipolar, liderado por las dos superpotencias emergentes: Estados Unidos y la Unión Soviética. El acuerdo, estableció el nuevo orden económico mundial que estuvo vigente con mucha fuerza hasta principios de la década de 1970. Allí, fue donde se establecieron las reglas para las relaciones comerciales y financieras entre los países más industrializados del mundo. Bretton Woods, trató de poner fin al proteccionismo del período 1914-1945, que se inició en 1914, con la primera Guerra Mundial. Se consideraba que, para llegar a la paz, tenía que existir una política librecambista, donde las relaciones exteriores serían clave.

En los acuerdos, también se decidió la creación del Banco Mundial y del Fondo Monetario Internacional, usando el dólar estadounidense como moneda de referencia internacional. Ambas organizaciones empezaron a funcionar en 1946. La cadena de grandes hechos o eventos involucrados, significó cambios profundos en la historia europea y mundial, tanto que las afectaron y redefinieron completamente. La conferencia contó con la presencia de 44 naciones. En aquel entonces, la mayoría de los países del llamado Tercer Mundo, aún eran colonias europeas, por lo que no tuvieron representación propia. Casi la totalidad de sus delegados eran de América Latina. Sus regímenes eran, por lo general, permeables a la influencia y el control de Washington. India, para el caso, todavía no había alcanzado la independencia plena y viajó a Bretton Woods como parte de la delegación británica. Los países del bloque comunista, encabezados por la Unión Soviética, participaron de la conferencia, pero no ratificaron los acuerdos. China también participó de la conferencia retirándose, tras el triunfo de la revolución comunista en 1949. Alemania, Japón e Italia estaban a punto de ser derrotados en la segunda Guerra Mundial. Las naciones de Europa Occidental, aún eran campo de batalla de la guerra y estaban desangradas. En esas condiciones, Estados Unidos —que producía la mitad del carbón mundial, dos tercios del petróleo, más de la mitad de la electricidad e inmensas cantidades de barcos, coches, armamento y maquinaria— iba a tener un considerable control sobre las decisiones finales de la conferencia. De tal forma, terminará imponiendo su diseño, derrotando la propuesta inglesa diseñada por John Maynard Keynes. En este sentido, Daniel Jiménez Bermejo,[13] subraya que encima de la mesa había dos propuestas, la estadounidense de Harry Dexter White y la británica de John Maynard Keynes. La propuesta estadounidense se impone a la británica. La propuesta Keynes se fundamentaba en establecer un sistema monetario mundial basado en la unidad monetaria internacional, mediante la creación del Bancor, moneda que estaría vinculada a las divisas fuertes y sería canjeable en moneda local a través de un cambio fijo. Crear un órgano internacional de compensación, la International Clearing Union (ICU) con capacidad de emitir la moneda internacional (Bancor) y cuyo objetivo sería mantener la balanza comercial equilibrada.

Los países con superávit tendrían que transferir su excedente a los países con déficit, de esta manera se conseguiría aumentar la demanda mundial y evitar la deflación.

Ideas que no saldrían adelante, teniendo en cuenta el peso de Estados Unidos en la economía mundial, el tamaño de sus reservas de oro. Además, era un país con un gran superávit comercial. Entonces, no iba a apoyar esas propuestas. Tras 27 años, ese sistema vio su fin el 15 de agosto de 1971, día en que el presidente de los Estados Unidos, Richard Nixon declaró la no conversión del dólar en oro y su devaluación.

---

[13] El duelo que marcó Bretton Woods. Recuperado de: ‹https://elpais.com/elpais/2019/07/19/ideas/1563543952_106128.html›.

> «Se trató la necesidad de crear otro organismo, la Organización Mundial de Comercio, pero no llegó a fundarse en la reunión del Bretton Woods. Será en 1948 cuando se firma el Acuerdo General sobre Aranceles Aduaneros y Comercio (GATT, General Agreement on Tariffs and Trade) consistiendo en un acuerdo provisional de aranceles y comercio, como su propio nombre indica, por el que se regiría el comercio mundial desde después de la segunda Guerra Mundial y hasta el nacimiento de la Organización Mundial del Comercio (OMC) que lo sustituiría». D.J.B.

Continuando con su análisis, Jiménez Bermejo, sostiene que, hasta los años 60, el sistema monetario mundial funcionaba correctamente, o digamos que de la manera que se había estipulado. Estados Unidos emitía dólares basados en deuda para mantener el equilibrio de las economías. Como ya hemos explicado, capacidad que le había sido otorgada en Bretton Woods. En este periodo, el mundo se inundó de dólares, las economías crecieron y se estableció el estado de bienestar. Por ello, se conoce como la época dorada del capitalismo.

Pero, no todo parecía ser como se pintaba. A mediados de la misma década empieza a surgir la desconfianza en la fortaleza del dólar. Temor que se debe a dos factores clave:

1. La abundancia de dólares en el mundo podría tener consecuencias inflacionarias.
2. De tal manera, esa creciente inflación de la economía americana y el aumento de su déficit que, en gran parte, la estaría generando la guerra de Vietnam. Un conflicto que se extendió hasta 1975.

Luego de los acuerdos, la década del 50 y 60 favorecieron el gran crecimiento de la industria publicitaria, como se pudo observar. Pero la década de los ´70 recibió los coletazos de una economía que venía conciertas grietas que afectaron al mercado de consumo, en conjunto con la crisis petrolera y otras decisiones políticas. Esto afectó al sector. Muchas grandes agencias para ese entonces, desaparecieron o se tuvieron que fusionar para enfrentar el momento crítico.

I. La Publicidad moderna es posmoderna

La Posmodernidad no tiene un comienzo específico, sino que es un continuo entretejido con la Modernidad. Si quisiéramos entender la publicidad posmoderna, quizás tendríamos que revisar los cambios de posguerra generados en los años '60. Puntualmente es la nueva manera de entrecruzar, el diseño, la estética, el arte y la ideología. Este fenómeno lo sintetizó en su obra el fotógrafo norteamericano Andy Warhol, quien fue uno de los padres del Pop Art. Él convirtió la reproducción mecánica en arte, mediante la transferencia de una imagen fotográfica a una matriz situada sobre la tela y entintada desde atrás. El único ligero toque «humano» en estas obras de Warhol consistió en una capa de colores sintéticos crudamente aplicados.

Recordemos las famosas réplicas de latas de sopas Campbell's o de Marilyn Monroe, luego de su suicidio. Bajo el tratamiento de Warhol, la estética se vuelve anestésica, supera lo trágico. Precisamente cabe marcar, algo muy trascendente para la publicidad, que no es casual: en ese momento van a surgir los grande creativos publicitarios. Son emergentes epocales.

II. Etología, Sociedad digital y Publicidad

La etología humana es la rama de la etología que trata sobre el comportamiento de los seres humanos. Irenäus Eibl-Eibesfeldt la fundó como una línea independiente de investigación. Eibl-Eibesfeldt efectivamente aplicó la etología general a estudios previos sobre humanos en curso de Konrad Lorenz, estudiando en una perspectiva más común en los estudios del comportamiento de los animales. Entre los fundadores de la «etología humana» se incluyen tanto a Konrad Lorenz, como a Eibl Eibesfeldt, así como el etólogo holandés Nikolaas Tinbergen. El campo de la etología humana es la ciencia específica del comportamiento humano. El gran desarrollo de las tecnologías digitales, con su salto cualitativo en el Siglo XXI en articulación, con los estudios etológicos actuales, conforman nuevas formas de la Publicidad, en relación a las condiciones de posibilidad que está tendrá para ajustar sus mensajes, perfeccionados a través de los resultados de la investigación científica de las conductas del ser humano y sus prácticas de consumo o de toma de decisión frente a determinadas circunstancias.

III. Publicidad contemporánea: la ubicuidad

Como sociedad en su conjunto, nos enfrentamos a una nueva normalidad. El 2020 fue un punto de quiebre con muchas cosas. La pandemia nos cambió. Es un antes y después, sin retorno. Pero, además, como publicitarios, no somos ajenos al entorno circundante. Hay un nuevo mundo, no solo, por lo que nos propone la tecnología digital, minería de datos y las audiencias hipersegmentadas. La industria 4.0, el transhumanismo y la inteligencia artificial, los algoritmos y la internet de las cosas. También está cambiando la manera que convivimos, la relación con los demás, la actividad laboral, el tiempo libre, la comunicación interpersonal y el consumo cotidiano.

No confundir Publicidad contemporánea con «Edad Contemporánea». Esta última, es el nombre con el que se designa el período histórico comprendido entre la Revolución Francesa y la actualidad. Los acontecimientos de esta época se han visto marcados por transformaciones aceleradas en la economía, la sociedad y la tecnología que han merecido el nombre de Revolución Industrial, al tiempo que desaparecía la sociedad preindustrial y se construía una sociedad de clases presidida por una burguesía que contempló el declive de sus antagonistas tradicionales (las monarquías absolutistas) y el nacimiento y desarrollo de uno nuevo (el movimiento obrero).

Por consiguiente, el desarrollo y evolución de la publicidad hasta nuestros días fue posible, por el desplazamiento de los escenarios políticos, sociales y económicos en un naciente proceso de globalización industrial que alcanzó a las nuevas generaciones. No nos olvidemos que la Revolución Industrial fue una de las principales etapas donde el mundo comenzó a cambiar su fisonomía climática y medioambiental (sobre explotación de recursos no renovables, crecimiento de exponencial de la población mundial, calentamiento global, etcétera). Este fenómeno permitió el crecimiento y concentración de grandes conglomerados urbanos. Nacen las grandes urbes, y así se ven favorecidos los grandes mercados de consumo. Nos iríamos convirtiendo lentamente en la primera generación en el planeta en consumir productos elaborados, producidos por máquinas. Esto modifica nuestros hábitos alimentarios, nuestro *modus vivendi*, y nuestras pautas culturales. Como expresaba el filósofo: el hombre es lo que come. Y lo que come serán productos envasados con una marca impresa en su exterior para su identificación e indicando su origen de fabricación.

> «... el motivo de la migración que experimenta la Publicidad, desde su otro territorio histórico y habitual, los medios de comunicación hacia el ciberespacio, es la interactividad y la bidireccionalidad. Ocupan el lugar del deseo que antes nos hacía conformar con la mera pasividad. Por consiguiente, debemos revalorizar nuestra relación con los mismos». (PISCITELLI, 1995).

Aunque no es tema de este ensayo, no quería dejar de mencionar la cuestión para instalar el debate, la reflexión profesional y académica del lector. Se me hace una obligación personal dejar abierto el análisis.

El paso tecnológico experimentado en esta etapa, fue realmente un cambio de paradigma en nuestro campo profesional, con enormes ventajas. Un paso gigantesco para la humanidad. Y sea bienvenida la misma. Hasta la instalación de las tecnologías digitales en nuestras vidas, la Publicidad comunicó productos y servicios a través de medios tradicionales y acciones de contacto directo con el público. Luego las marcas desplazaron a estos dos objetos. Pero, la Era Digital desplaza a los tres conceptos recién mencionados del podio. Y emerge un nuevo concepto, un tanto cargado de cierta hibridez, «el prosumidor». Es alguien que produce mensajes y a la vez los consume, y los comparte para que los demás también los consuman. La persona es el producto, cuyo contenido es la información sobre su vida misma. Es, si se quiere, una idea superadora, y me atrevo a decir, controvertida: el objeto es el sujeto. Y como tal, está el centro de la comunicación digital comercial. ¿Se cosifica a la persona? Vocablo un tanto aberrante, quizás. Se dice ahora —en el mundo virtual— que «el sujeto es el producto». Un sitacismo que muchos repiten, sin tener muy en claro de que se trata. El modelo lineal de comunicación emisor-mensaje-canal-receptor se ha pulverizado. Todos somos hoy, emisores y receptores a la vez, dando paso a un modelo circular de comunicación, sin extremos, cuyo epicentro es la información. Producimos contenido, anteriormente solo consumíamos el mismo.

REFLEXIONES: Si la persona es el producto, y como tal, un producto se consume; la persona se estaría consumiendo así misma. Sería una especie de auto-canibalismo o autofagia digital. En la práctica nos comeríamos a nosotros mismos. Trágico destino. En la realidad, lo que se consume de la persona —lo que se extrae de la misma— es su información clave y sensible. De ahí la concepción de persona-producto. A juicio personal, reduce al ser humano a un simple generador de materia prima para ser transformada en otros tipos de insumos para el mercado de consumo. Esto se conoce como *data mining* o minería de datos. Aquí, el ser humano —alegóricamente— es como una mina a cielo abierto, donde el mineral extraído es la información de toda su vida. Algunos piensan que es algo nuevo. Nada más lejos. Las civilizaciones más antiguas también relevaban datos de sus poblaciones. Lo nuevo sí, y potenciado, es que, gracias al salto cualitativo dado por las tecnologías digitales, el procesamiento de datos personales y la acción de vigilancia que ejercen estas plataformas, a través de las redes sociales, es en extremo eficaz y veloz: «Las redes son un *aggiornado* panóptico benthamiano». sentenciada oportunamente por Michel Foucault en su obra emblemática *Vigilar y castigar*: el Gran hermano que todo lo ve. También plasmada en la novela de George Orwell, *1984*, como una crítica a la sociedad soviética de su tiempo.

En función de lo expuesto, pensando en la Publicidad contemporánea; a mediados de los años noventa, se lanza

Windows 95. Con este sistema operativo —muy amigable para los usuarios— se dispara el uso masivo y global de Internet y la web. Este acontecimiento, de alguna manera, representa una frontera para el inicio del tercer milenio. La Publicidad y los anunciantes de inmediato detectaron su potencial a mediano plazo. Paulatinamente, se ingresó en un nuevo escenario: los entornos virtuales. La comunicación digital —sin retorno— comenzará a formar parte de las herramientas del publicitario para planificar una campaña. La Publicidad, ya, no solo dependerá de los medios tradicionales de comunicación. Hace ya algunos años que se inició una Era Multimedial que combinará los medios tradicionales con las nuevas plataformas digitales.

No es casualidad que Nicholas Negroponte lanza un libro revolucionario para la época: *Ser Digital.* Aquí el autor, precisamente, en 1995, publicó la primera edición de la obra que abrió el camino a la Era de las nuevas tecnologías; atreviéndose a predecir las particularidades socioculturales de la «generación I» (la Generación de Internet, del *smartphone* y del I-Phone). Este grupo etario es definido, como resultado de una investigación realizada por medio de una encuesta a 11 millones de jóvenes estadounidenses, junto a entrevistas en profundidad. Jean Twenge, fue la mentora de este trabajo. Es profesora de la Universidad de San Diego y volcó sus conclusiones en un libro, aún no traducido al español. La síntesis del trabajo destaca que quienes nacieron a partir de 1995, no están preparados para la adultez.

> «El crecimiento de la computadora personal se está produciendo con tanta rapidez que la televisión del futuro será la PC. Punto. El conversor se transformará en un dispositivo del tamaño de una tarjeta de crédito que, insertado en su equipo, convertirá a su PC en un medio de

acceso al cable, al teléfono o al satélite. Es decir que en el futuro no se fabricarán más televisores.»

IV. Publicidad ubicua

Es una publicidad omnipresente e interactiva. En algún momento se denominará moderna o con otra definición categórica. Alcanza de manera fragmentaria e individual, a cada actor social, a través de la aplicación de las nuevas tecnologías digitales e interacción, con multipantallas Led en HD y ultra HD (TV, celular, *notebook*, PC, *tablet*, reloj y otras), por ejemplo, Internet de las cosas, realidad aumentada, mundos virtuales, nuevas y dinámicas plataformas digitales, minería de datos, inteligencia artificial, desarrollo de complejos algoritmos que interactúan con la persona en tiempo real y permiten obtener información de misma en ese intercambio, la quinta generación de telefonía celular (5G), o la función e interacción de sistemas digitales con sistemas biológicos, etcétera.

Asimismo, como en los años 60, en este ámbito también se localizan nuevos debates socioculturales que gravitarán en una propuesta publicitaria acorde a su tiempo. Temas como el cuidado del medio ambiente, la alimentación sana y segura, el empoderamiento de los movimientos feministas, los *millennials*, el resquebrajamiento de ciertos tabúes atávicos (por ejemplo, hablemos de sexo y de sexualidad sin reservas, los cuestionamientos a la educación tradicional, etcétera), el matrimonio igualitario o la diversidad de género. Tópicos que no son ajenos a un muy cuidado tratamiento publicitario que, en sus propuestas de comunicación, procura respetar y responder a cada colectivo social, como en Dove: «las mujeres reales de Dove»; Sprite: «Las cosas como son»; cerveza Quilmes: «Todo suma» (realizado con relato y tratamiento *millennials*). Es una época que se atiende a la experiencia del consumidor o del usuario en las redes. La ya instalada UX: la experiencia de usuario. Un conjunto de factores y elementos relativos a la interacción del usuario con un entorno o dispositivo concretos, dando como resultado una percepción positiva o negativa de dicho servicio, producto o dispositivo. Entendiendo que, hoy se utilizan variadas interfaces digitales en la vida cotidiana, y la experiencia de usuario (lo que se vive cuando se navega en estas interfaces) es primordial. Por este motivo, las empresas deben pensar en lo que nosotros, internautas y usuarios, vivimos a través de su interfaz *online*.

Siete

Bretton Woods y la gran Industria Publicitaria

I. La Publicidad después de la Propaganda de guerra

La Publicidad, no quedó al margen de los cambios. La Publicidad (aplicada como propaganda durante las grandes guerras), se redefinió desde el marco de las economías globales, las tendencias sociales, los grandes mercados de consumo, el rol de las grandes marcas y el desarrollo tecnológico; sobre todo en el campo de los medios masivos de comunicación. En este ámbito, la televisión se impone como la representante más preclara en la segunda pos guerra. Tampoco olvidemos la expansión del supermercadismo y su concepto de *self service* (Sírvase usted mismo. Sin vendedor). El *retail* —punto de venta— comienza a adquirir una nueva dimensión y relevancia a través de estrategias de comunicación y promocionales y, de la posterior aparición del *merchandinsing* (marketing en punto de venta). Es aquí, donde vamos a encontrar lo que expresa el título de esta obra: la **PUBLICIDAD MODERNA**.

En plena ebullición del nuevo mapa mundial, la Publicidad progresivamente comenzará a tener un rol trascendental como instrumento de comunicación, patrocinando el crecimiento del consumo y comercio mundial. No solo inaugurará una forma específica de discurso «de lo publicitario», sino una narrativa ideológica propia, en cuanto a estilo y estética (MARGARIÑOS DE MORENTÍN, 1991). Gravitará sobre la construcción del discurso social y manifestará una acción contundente sobre territorios sociales. Impondrá nuevas prácticas en las culturas domésticas. El gran relato de la Publicidad descansará sobre modelos del «deber ser». Conlleva el ideario del progreso ilimitado, en el estilo de vida occidental. Hoy aparece un debate que la cuestiona, desde los colectivos sociales y desde otras muchas organizaciones. En debate sobre lo que comunica la publicidad surgen problemáticas de género, medio ambiente, consumo sustentable y saludable o estilos de vida.

En este mundo tan cambiante y complejo, la Publicidad, fundamentalmente, será un apéndice imprescindible de las grandes marcas globales. Precisamente, las mismas, están acompañadas por sus agencias de publicidad, alineadas internacionalmente.

Podemos citar algunos casos de alineamientos internacionales históricos, entre agencias y empresas anunciantes:[14] la agencia McCann Erickson acompañará por el mundo a Coca Cola Company, J.Walter Thompson a Ford Motors, Ogilvy Group a Unilever, Publicis de Francia asistirá al Grupo Nestlé o BBDO a Pepsi-Co. Este detalle, es a solo efecto de mostrar algunos ejemplos. Hoy, no necesariamente continúan estas alianzas. Este alineamiento en el negocio publicitario, sobre todo desde los años noventa, incluyó a grandes centrales y corporaciones de medios: mencionemos a Media Planning Group, que pertenece al Grupo Arena, que a la vez es una unidad de negocios mediáticos del Grupo Santander de España.[15]

REFERENCIA: Es clave recordar que la segunda Guerra Mundial (1939-1945), fue producto de cuestiones no resueltas o pendientes en la primera. Sobre todo, debido a las pérdidas territoriales y condiciones de desarme que se le habían impuesto a la derrotada Alemania en el tratado de Versalles de 1919. El comienzo de la posterior Guerra Fría (aproximadamente 1947-1989) fue consecuencia lógica de la segunda

[14] N.de A: Algunas de estas corporaciones publicitarias, comienzan a dispersarse por el mundo; como los casos de J. Walter Thompson, que en 1929 desembarca la Argentina de la mano de Ford Motors y McCann Erickson con Coca Cola. Esta primera mitad del siglo XX fue signada por dos grandes conflictos bélicos, una crisis económica en el 29 y, paradójicamente, un gran desarrollo científico y técnico, que volcará sus frutos pos 1945 en la sociedad en su conjunto.

[15] Op. cit. Estas configuraciones corporativas son dinámicas en el tiempo, pueden cambiar. Solo se citan a modo de ejemplo.

Gran Guerra y terminó con la desintegración de la Unión Soviética a finales de 1991, la cual, a su vez había sido presagiada por la caída en 1989 de los regímenes comunistas del denominado «socialismo real» en Europa Oriental. Es importante señalar que, esas dos décadas (50 y 60), fueron marcadas por algunos hitos que le dieron un perfil particular a ese período de guerras y posguerras. Por ejemplo: Surgen los grandes mercados de consumo (crecimiento de los mercados y la competencia) y el material plástico irrumpe en todos los objetos de consumo cotidiano. Estados Unidos, luego de la segunda Guerra Mundial, queda como líder político, ideológico, económico y militar de Occidente. Comienza la Guerra Fría. Dentro de su territorio, contará con el parque industrial más grande de la historia. Inmediatamente terminada la contienda, el gobierno norteamericano reorienta su enorme estructura industrial hacia su mercado interno con el fin de sostener la rueda de la economía. Y es así que, fomenta la producción y consumo de bienes y servicios. Brota de los poros de la sociedad americana, y de la mano de su extendida clase media, la gran sociedad de consumo (*The Great American's Dreams*).

II. La mayoría de edad de la Publicidad

En este escenario, y sobre todo a partir de 1945, se dice que la Publicidad llega a su mayoría de edad como disciplina y como profesión (Kleppner, 2010). Como se venía señalando, hay un período de transición con grandes transformaciones sociales, económicas y tecnológicas entre el 45 y 60. En ese lapso, progresivamente, se irían cristalizando los acuerdos planteados en Bretton Woods: La gran industria publicitaria, justamente, verá su apogeo en la atmósfera convulsionada de los dorados años sesenta; sobre todo con epicentro en los Estados Unidos. Es resultado positivo de estos cambios. Aparecen las grandes mega-agencias de publicidad. Se consolida el negocio publicitario, favorecido con el gran desarrollo de los medios de comunicación y de los mercados de consumo. Grandes corporaciones publicitarias facturan millones de dólares al año, incidiendo de manera positiva en la economía estadounidense y consecuentemente a nivel global.

La publicidad será, definitivamente, un dispositivo estratégico clave de las grandes corporaciones para la consolidación de un orden económico, cultural y social. Sus resultados se han cristalizado en grandes beneficios. Sin duda, en un nuevo orden, los diferentes actores sociales están obligados en algún momento a entablar un diálogo y construir correlaciones políticas, como en toda época. Es un frágil equilibrio contractual de relaciones entre poder e intereses de parte: Gobierno-ciudadano; empresa-consumidor; medios-públicos; producción-mano de obra. En nuestro caso, la Publicidad, a través de los recursos disponibles en cada circunstancia, comunica para que una compañía venda productos con éxito. De este modo se fortalece el negocio y el intercambio de bienes de consumo. El publicitario interviene en la producción de mensajes. De tal manera, es una vigorosa técnica de comunicación que potencia el crecimiento de la sociedad de consumo, dentro del escenario dominante del libre mercado.

La Nueva Publicidad irrumpe en una atmósfera de ingentes cambios sociopolíticos. Comienza la guerra fría (HOBSBAWM, 2001:237). Se instalarán y consolidarán los dos modelos ideológicos hegemónicos basados en el liberalismo económico por un lado y en el Socialismo por otro. Este será el renovado y enredado escenario que constituye el afianzamiento del capitalismo en Occidente, que encuentra sus orígenes y antecedentes en las concepciones filosóficos del siglo XVIII (DI TELLA, 1989). Asoma un Capitalismo de posguerra tallado en grandes corporaciones multinacionales. Se robustece de tal manera, el rol de una concentrada burguesía industrial norteamericana, denominada por la propia nación del norte como los «Héroes manufactureros»: señores industriales que durante la última gran guerra habían puesto toda su infraestructura al servicio de su nación con el objetivo terminar con el Eje: Alemania, Italia y Japón. El Congreso estadounidense, así, los condecoraba como héroes de guerra. Eran dueños de enormes emporios industriales y financieros ligados a la fabricación bélica y de productos sucedáneos. Este capitalismo moderno, ahora con epicentro en Estados Unidos, irá imponiendo sus reglas de mercado. Esos territorios serán vistos como grandes y potenciales escenarios de consumo alrededor del mundo. La Unión Soviética hacía su juego con la parte del mundo que le había tocado en el reparto, hasta su disolución en 1989.

ASOMAN LAS AGENCIAS CREATIVAS: Recordemos que hablar en los «Los dorados '60» de creatividad en las agencias era estar inmersos en la propia esencia de aquellos años. Una época representada y recordada precisamente por un formidable estallido de movimientos culturales, intelectuales, artísticos, científicos y tecnológicos sin precedentes. Hablamos de acontecimientos que marcaron con vehemencia esa década, como: el Concilio Vaticano II, el Mayo Francés, la Guerra de Vietnam, la Revolución y la crisis cubana, la Primavera de Praga; movimientos como el *hippismo*, los pacifistas o los ecologistas; el Pop Art, el *happening*, los Beatles y los Rolling Stones. Por otro lado, el hombre llegaba a la Luna (20 de julio de 1969), nace Internet (Arpanet, 1969), aparecen grandes escritores, grandes artistas, es el furor por los *comics*, etcétera. Es decir: estalla la denominada y criticada gran industria cultural. Era obvio que, esa gran pasión cultural, había sido una bisagra en el siglo XX. Fueron movimientos que también descargaron su trueno en las cabezas de las nuevas y grandes estrellas de las agencias: los Creativos Publicitarios.

III. La Era de la Investigación de mercado y el marketing

Iniciados los años sesenta, tanto los anunciantes, como las propias agencias, reconocen que ya no bastaba solo con comunicar literalmente las bondades de un producto o servicio. Notaron que hacía falta algo diferencial en el mensaje, y en el propio aviso. La Publicidad carecía de brillo, de luz, de algo que llamara más la atención a un consumidor asediado por miles y miles de mensajes diarios. Quizás, el condimento que sazonaría una adecuada propuesta de comunicación estaría centrado en la «creatividad estratégica y en las buenas ideas». Las marcas toman el rol principal, desplazando al producto a un segundo lugar. Hay que comunicar marcas y su relato simbólico, pero de una manera creativa: todos los jabones en polvo lavan, pero, MI MARCA es la mejor porque lava mejor y más blanco. El relato ya no se sustentaba en el beneficio tangible del producto, sino en la representación simbólica de la marca. Nace el marketing y el concepto de posicionamiento. Al Rie Jack Trout, nos habla que ahora la batalla está en la mente del público:

> «La pelea del producto se da en el mercado y la pelea de la marca se da por ocupar un lugar diferencial y preferencial en la cabeza del consumidor: es una batalla mucho más compleja.»

La persona debe pensar en mi marca, no ya en un producto genérico, como lo es un jabón en polvo, un champú o una aspirina. Los revolucionarios dorados años 60 habían impactado de frente con la Publicidad. Generaron un giro copernicano en el modo de pensarla y hacerla más efectiva y atractiva. Era necesario de un proceso que ayudara a destacar un mensaje y una marca entre competidores. Había que encontrar un «acto diferencial», un salto estético y cualitativo en el mensaje.

Para lograr este despegue se debía desarrollar una nueva herramienta, un documento estratégico que albergara y canalizara a esas ideas creativas. Así nace, paradójicamente, como primera idea creativa producir una nueva metodología de trabajo interno que se denominaría, como lo habíamos mencionado al principio: *Brief* Creativo o Estrategia Creativa.

Ogilvy es autor de una frase que ha recorrido el mundo de las agencias desde hace más de cincuenta años:

> «... Cuanto más conozco al consumidor, mejores ideas creativas saldrán...»

Esta frase, en sí misma guarda el germen de la Estrategia Creativa y refleja un nuevo tiempo. La complejidad de los mercados de consumo exigía, por otro parte, de la investigación social para detectar tendencias y preferencias de los consumidores: nace la investigación de mercado. Sociólogos, antropólogos y psicólogos, son los nuevos actores que ofrecen sus servicios profesionales a medios, agencias, instituciones y empresas anunciantes. Se debe conocer a fondo el *target* o los públicos que se han definido previamente en la Estrategia de Comunicación, no solo desde el marco del perfil demográfico, sino que David Ogilvy proponía privilegiar el estudio sistemático y profundo de los estilos de vida del consumidor. La nueva tendencia de la investigación de mercado, tenía como premisa, primero investigar y lugar desarrollar una propuesta acorde a los resultados previamente obtenidos. El Marketing, desde adentro de la empresa, se va a convertir en una herramienta clave para planificar planes de negocios y estrategias de comercialización. El marketing surge en paralelo con la investigación de mercado. De esta manera se aseguraba que un creativo publicitario, pergeñara una idea a través de un concepto previo, que estuviese en empatía con el universo al que se deseaba alcanzar con la propuesta. Esto implica concretamente, que lo que se busca es que el *target* de campaña sintiese que la idea fue concebida para él y no para otra persona u otra comunidad. En definitiva, como se destacó precedentemente, lo que proponía Ogilvy desde esa famosa frase, es que en toda propuesta de campaña debe privilegiar la investigación profunda del perfil psicográfico de los públicos y/o de los *targets*.

IV. Bernbach y su *Think Small*: la campaña de Volkswagen de los años 60

Después de la segunda Guerra Mundial, Estados Unidos, se había consolidado como una superpotencia mundial. Su economía y mercado de consumo interno estaban en plena expansión. Entre el desarrollo de un sinnúmero de innovadores productos, se comenzó la fabricación de automóviles para las familias en crecimiento con hijos del *Baby Boom*. Contrario a todo lo imaginado, un auto compacto diseñado en Alemania en la década del '30 hacía furor: el Volkwagen (auto del pueblo), bautizado «El Escarabajo». Era un automóvil compacto y de aspecto extraño, se fabricó en una planta construida por los nazis en Wolfsburg, Alemania. Esta situación se percibió como un reto para la venta del vehículo. En esos años, las piezas publicitarias de automóviles estaban centrados en proporcionar al lector la mayor cantidad de información posible en lugar de persuadirlo de comprar el producto, además, solían estar más arraigados

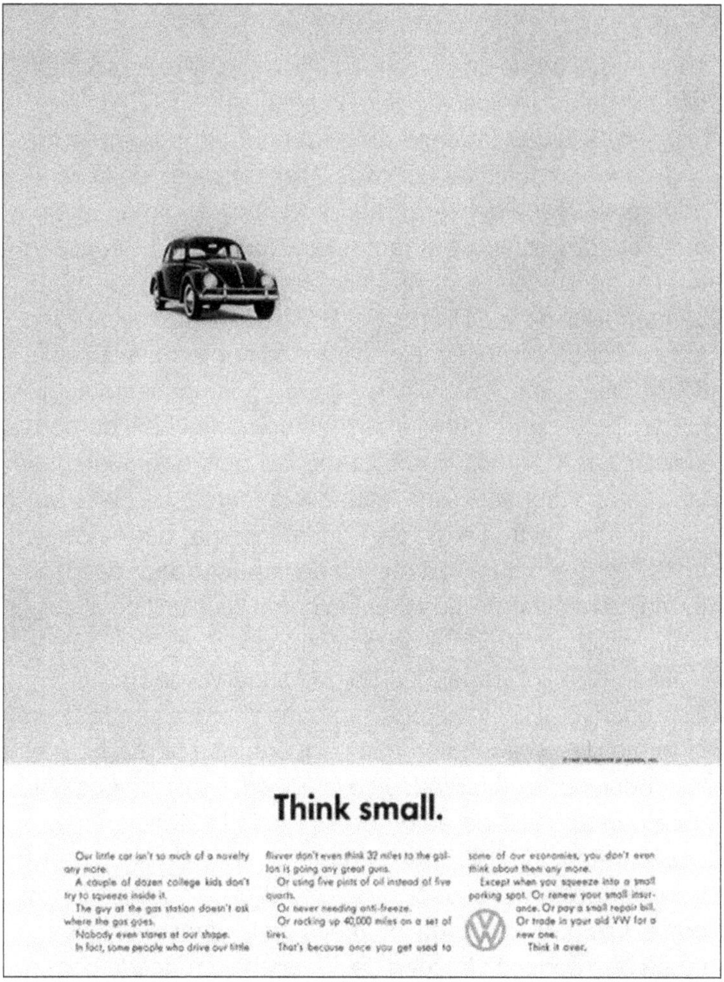
Think small.
Our little car isn't so much of a novelty any more.
A couple of dozen college kids don't try to squeeze inside it.
The guy at the gas station doesn't ask where the gas goes.
Nobody even stares at our shape.
In fact, some people who drive our little flivver don't even think 32 miles to the gallon is going any great guns.
Or using five pints of oil instead of five quarts.
Or never needing anti-freeze.
Or racking up 40,000 miles on a set of tires.
That's because once you get used to some of our economies, you don't even think about them any more.
Except when you squeeze into a small parking spot. Or renew your small insurance. Or pay a small repair bill. Or trade in your old VW for a new one.
Think it over.

Impossible.

And if you run out of gas, it's easy to push.

Repair 'em? I've got enough parts to build 'em!

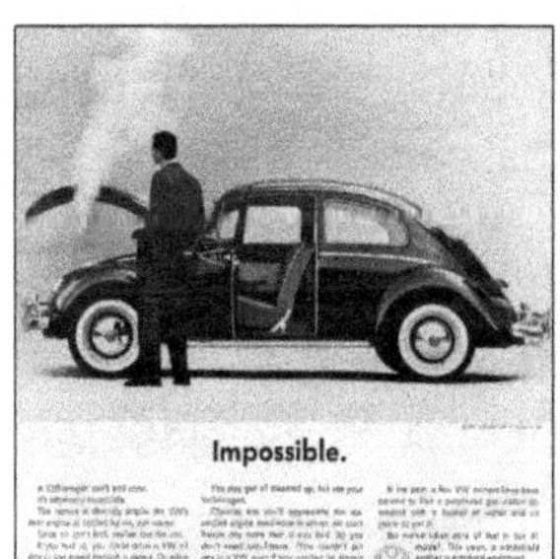

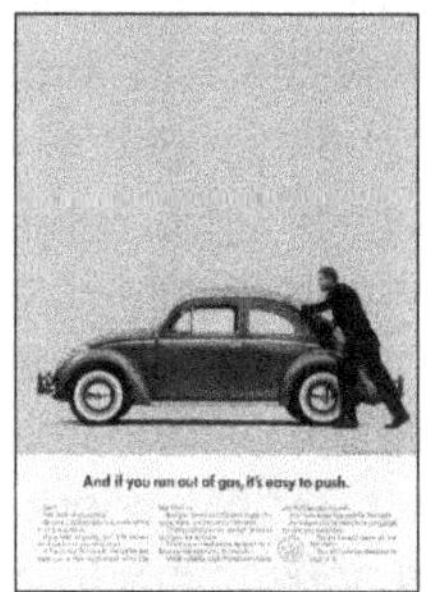

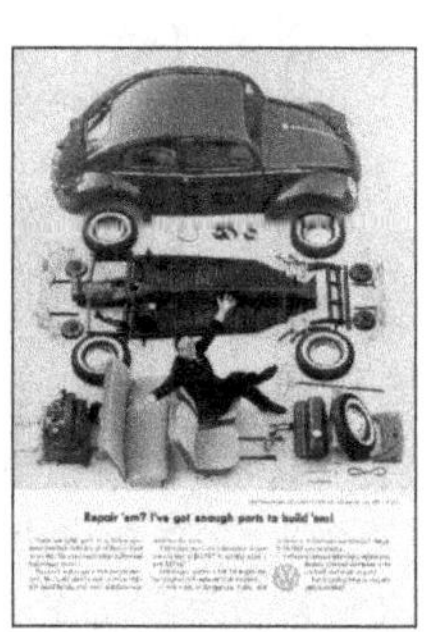

en la fantasía que en la realidad (Hiott, 2012). Era todo un desafío de comunicación para la agencia.

Think Small ('piensa en pequeño', en español): fue uno de los avisos más famosos y referenciales de la campaña publicitaria del «escarabajo» de Volkswagen. La dirigió Helmut Krone. El redactor de *Think Small* fue Julian Koenig de la agencia Doyle Dane Bernbach (DDB) en 1959. La campaña de la DDB para el Escarabajo de Volkswagen fue calificada como la mejor campaña publicitaria del siglo XX por la revista *Advertising Age*, en una encuesta sobre los anuncios estadounidenses. La campaña ha sido considerada tan exitosa que hizo mucho más que aumentar las ventas y construir una lealtad a la marca. La pieza publicitaria, así como el trabajo de la agencia, detrás de él, transformó la naturaleza misma de la publicidad, desde la forma de hacer publicidad, hasta cómo se investiga al consumidor. El equipo creativo conformado por Helmut Krone y Julian Koenig, trabajaron bajo la supervisión de William Bernbach. DDB planteó una campaña impresa centrada en la forma del Escarabajo, más pequeño que la mayoría de los coches comercializados en la época. Este enfoque único en un anuncio de automóviles atrajo la atención sobre el Escarabajo. La DDB tuvo en mente la simplicidad, contradiciendo la asociación tradicional de los automóviles con el lujo. Los anuncios impresos de la campaña presentaban una pequeña imagen del Escarabajo rodeada por un amplísimo espacio en blanco, lo que pretendía enfatizar su simplicidad y minimalismo. La propuesta creativa rompió con lo convencional de varias maneras. Si bien se mantuvo el formato tradicional de imagen, titular y cuerpo de tres columnas, las otras diferencias fueron sutiles pero suficientes para que el anuncio se destacara. El diseño cambió con el tiempo, pero los elementos esenciales de ejecución se utilizaron de manera consistente para dar a cada iteración una sensación de estilo propio.

V. Los tres grandes referentes de la Publicidad Moderna: David Ogilvy, Bill Bernbach y Leo Burnett

«Einstein decía que debía más a su imaginación que a su poderosa lógica.»

▪ DAVID OGILVY [1911-1999]

Es reconocido como el padre de la Publicidad Moderna y uno de los mentores de una forma innovadora de hacer publicidad, sobre todo a partir de los dorados años sesenta cuando aplica su conocida estrategia creativa.

En 1948 fundó la Agencia Hewitt, Ogilvy, Benson & Mather con oficinas en Nueva York. Más tarde se convirtió en Ogilvy & Mather Worldwide, con el apoyo financiero de la agencia de Londres, Mather & Crowther. Este momento coincide con los cambios económicos y financieros derivados de Bretton Woods. Es un período de crecimiento de posguerra, y de la reconstrucción de Europa, diezmada tras la derrota de Alemania. Escocés de origen, en 1938, Ogilvy emigró a los Estados Unidos, donde fue a trabajar para George Gallup, Instituto de Investigación en Nueva Jersey. Ogilvy cita a Gallup como una de las mayores influencias en su pensamiento, haciendo hincapié en los métodos de investigación meticulosa y la adhesión a la realidad (TERRY, DAN'L, 1994).

Durante la segunda Guerra Mundial, Ogilvy trabajó para el servicio de inteligencia británico en la Embajada en Washington. Allí se analizaron y formularon recomendaciones sobre asuntos de la diplomacia y la seguridad. Según una biografía elaborada por Ogilvy & Mather, «se extrapola su conocimiento de la conducta humana del consumismo al nacionalismo en un informe que sugería la aplicación de la técnica de Gallup, a los campos de la inteligencia secreta». Por ejemplo, en guerra psicológica de Eisenhower. Se tomó el informe para formular sugerencias que tuvieran éxito con Ogilvy para trabajar en Europa durante el último año de la guerra (ROMAN, KENNETH, 2009). Esas metodologías, estrategias y la propia experiencia de Olgilvy en investigación y comunicación se reflejarían más tarde en su agencia de publicidad.

> «Hay tres ciudades donde quiero que esté mi agencia: Nueva York, Río de Janeiro y Buenos Aires». DAVID OGILVY[16]

---

[16] N.de A: La agencia que fundó Ogilvy sigue siendo una de las más importantes del mundo. Bajo el nombre de Ogilvy & Mather, tiene 450 oficinas en 120 países, y emplea a unas 18.000 personas. Forma parte del grupo de comunicación WPP desde 1989. A nivel creativo, la agencia sigue siendo líder. David Mackenzie Ogilvy nació en West Horsley, Inglaterra, el 23 de junio de 1911, y murió el 21 de julio de 1999 en su casa de Touffou, Francia, después de una larga enfermedad. Es uno de los nombres más famosos en la publicidad y uno de los pocos pensadores que forjaron este negocio después de los años veinte. Ogilvy fue durante su vida cocinero, diplomático y granjero. En 1938 emigró a los Estados Unidos, donde trabajó en el Audience Research Institute de George Gallup, en Nueva Jersey.

▪ BILL BERNBACH [1911-1982]

Estudió literatura inglesa y al salir de la universidad su primer trabajo fue redactar los discursos de Grover Whalen. Después, comenzó a trabajar en el mundo de la publicidad, siendo su primera agencia Wintraub. Cuando comenzó la segunda Guerra Mundial, tuvo que pasar dos años en el ejército. Al regresar aceptó el puesto de director creativo en Grey. En 1949 se une a Ned Doyle y Max Dane y forman Doyle, Dane y Bernbach, conocida actualmente como DDB Worldwide, agencia donde coincidió con la publicista Mary Wells Lawrence. Allí, pone en práctica los mejores valores de su creatividad publicitaria, que tienen en las campañas del Escarabajo de Volkswagen en Estados Unidos y Europa una expresión culminante. Hasta ahora, sigue regida por los principios de su fundador principal, buscar una publicidad emocional y no racional. Se le hace mención en la novela *Que la muerte te acompañe*, del autor Risto Mejide. El trabajo de Bernbach cambia los usos publicitarios hasta el punto de ser generalmente considerado como el personaje más influyen del mundo publicitario del siglo XX y número uno mundial del sector, según la clasificación de la revista *Advertising Age*. Una de sus biografías más conocidas, la de Bob Levenson, *Bill Bernbach's Book: A History of the Advertising that Changed the History of Advertising* (1987).

▪ LEO BURNETT [1891-1971]

En 1935, Burnett fundó Leo Burnett Company, Inc. En la actualidad, la agencia tiene más de nueve mil empleados en más de 85 oficinas en todo el mundo.

Fue responsable de crear algunos de los personajes y campañas publicitarias más famosas del siglo XX: Tony, el tigre; el hombre de Marlboro, el reparador de Maytag, Fly the Friendly Skies de United y Good Hands de Allstate. Trabajó también para otras carteras de clientes multinacionales como McDonald's, Hallmark y Coca-Cola. En 1999, Burnett fue nombrado por *Time* como una de las cien personas más influyentes del siglo XX. El primer trabajo de Burnett después de la universidad fue como reportero del *Peoria Journal Star* en Peoria, Illinois. En 1917 se mudó a Detroit y fue contratado para editar una publicación interna de Cadillac Motor Car Company, Cadillac Clearing House, y más tarde se convirtió en director de publicidad de esa institución.

Burnett utilizó un realismo dramático en su publicidad, el enfoque de venta suave para generar valor de marca. Burnett creía en encontrar el «drama inherente» de los productos y presentarlo en la publicidad a través de calidez, emociones y experiencias compartidas. Su estilo creativo, se basó en valores arraigados en el corazón de la tierra utilizando imágenes simples, fuertes e instintivas que hablaban a la gente (Tellis, Gerrard, Ambler, 2006).

VI. Las grandes corporaciones publicitarias de posguerra: las mega-agencias de publicidad[17]

UN CASO TESTIGO

Interpublic Group of Companies, Inc. (IPG)[18] es una empresa estadounidense de publicidad que cotiza en bolsa. La compañía consta de cinco redes principales: FCB, IPG Mediabrands, McCann Worldgroup, MullenLowe Group y Marketing Specialists, así como varias agencias especializadas independientes en las áreas de relaciones públicas, marketing deportivo, representación de talentos y atención médica. Es una de las compañías de agencias «Big Four». junto con WPP, Publicis y Omnicom.

El 2 de octubre de 1930, IPG se fundó en la ciudad de Nueva York como McCann-Erickson , cuando HK McCann Co. (fundada en 1911) y Erickson Co. (fundada en 1902) se fusionaron. En ese momento, era la agencia más grande en la industria publicitaria. En 1960, McCann se reestructuró en cuatro unidades operativas, cada una de las cuales dependía de una nueva sociedad de cartera. Las cuatro unidades fueron McCann-Erickson Advertising (Estados Unidos), McCann-Erickson Corp. (internacional), McCann-Marschalk y Communications Affiliates. Este último consistió en agencias de comunicaciones diversificadas. En enero de 1961, McCann pasó a llamarse Interpublic Group (IPG) y creó la primera sociedad de gestión de servicios de marketing con McCann-Erickson como subsidiaria. En el otoño de 1973, cuando los clientes comenzaron a centrarse más en estrategias internacionales, McCann-Erickson combinó sus su-

---

[17] Nota: Esta información es histórica, se expone a modo de ejemplo. Es para describir el crecimiento exponencial de estas grandes corporaciones a partir de la década del '50. La configuración y estructura organizacional de las mismas, en muy dinámica en el tiempo. Puede variar de año a año.

[18] IPG. Recuperado de ‹https://www.interpublic.com/›.

cursales nacionales e internacionales en una sola agencia mundial bajo IPG. En 1997, se formó el Grupo Mundial McCann-Erickson con varias de las diferentes unidades de IPG. En diciembre de 2000, IPG adquirió a Deutsch, Inc. como la unidad independiente más grande y la última gran agencia independiente en ese momento.

En 2001, IPG adquirió True North Communications, el holding de Foote Cone & Belding. Para entonces, además de True North, las propiedades principales de Interpublic incluían dos redes de agencias de publicidad globales de propiedad absoluta, McCann-Erickson Worldwide y Lowe Group; cinco redes globales de servicios especializados, Initiative Media Worldwide, Draft Worldwide, NFO Worldwide, Octagon y Zentropy Partners; una empresa de servicios de Internet; y Allied Communications Group, que administraba las empresas de comunicaciones especializadas de Interpublic. En 2003, IPG acordó pagar $ 115 millones para resolver demandas colectivas presentadas por sus accionistas. Los accionistas demandaron a Interpublic después de que las irregularidades contables llevaron a la reformulación de los resultados financieros, lo que provocó la caída de las acciones de la compañía. En marzo de 2004, IPG renombró a McCann-Erickson World Group como McCann Worldgroup. El 15 de septiembre de 2005, IPG anunció planes para expresar las ganancias del año fiscal 2000 al 2004, debido a problemas en la contabilización de ingresos, adquisiciones y gastos de arrendamiento. El 22 de marzo de 2006, IPG registró una pérdida para el cuarto trimestre y expresó los resultados de los primeros tres trimestres de 2005, lo que redujo los ingresos en $ 14.1 millones. También anunció que su controlador y director contable dejarían la compañía. IPG eliminó 51 negocios en 2005 y 2006, principalmente fuera de los Estados Unidos; la compañía dijo que salió de 23 «afiliados internacionales con pérdidas» en 2006. IPG en abril de 2007 anunció que acordó comprar Reprise Media, una empresa de marketing de motores de búsqueda. En julio de ese mismo año, FCB-Ulka Advertising Private Limited, una subsidiaria de IPG, pasó a llamarse DRAFTFCB + Ulka Advertising Pvt. Ltd. En julio de 2008, IPG formó una unidad de compra y planificación de medios, llamada Mediabrands (más tarde IPG Mediabrands). En marzo de 2014, IPG draftfcb fue renombrado como la red internacional de IPG FCB. En enero de 2016, la fusión de los grupos de IPG Mullen en los Estados Unidos. Y Lowe and Partners en todo el mundo pasó a llamarse Grupo MullenLowe. En julio de 2018, IPG anunció que estaban comprando. El negocio de Marketing Solutions de la compañía de marketing de bases de datos Acxion por $ USD2.3 mil millones. IPG consiste en docenas de negocios organizados en seis grupos.

Hay tres redes globales: Foote, Cone & Belding (FCB); McCann Worldgroup; y MullenLowe; una compañía de servicios de medios, IPG Mediabrands; un grupo de servicios de marketing, especialistas en marketing; y varias agencias digitales domésticas independientes.

***HOLDINGS* PUBLICITARIOS ACTUALES**

Cinco grandes *holdings* publicitarios dominan el mercado actual. El auge de los medios de comunicación y la sociedad de consumo, sobre todo, luego de las Segunda Guerra Mundial, han convertido a la publicidad en un gran negocio y en una pujante industria que ha dinamizado otros sectores en carácter de proveedores de la misma. De tal manera, estos conglomerados de la comunicación se transformaron en compañías muy rentables al día de hoy.

▪ WPP: NÚMERO UNO EN FACTURACIÓN

Fundada en 1971, el conglomerado británico WPP ocupa el primer puesto en el ranking mundial en términos de facturación y contratación de personal. En sus inicios Wire and Plastics Products PLC (WPP) centraba sus negocios en el alambre, pero en 1985 Martin Sorrell la hizo renacer como una empresa internacional. Al día de hoy está presente en los cinco continentes, bate récords en el Festival de Cannes, y cuenta con algunas de las agencias de mayor relevancia como Mediacom, Ogilvy o Kantar Media, Young & Rubicam, J. W. Thompson, Wunderman, Mind Share y Grey Group.

En el 2017 alcanzó una facturación global de 20 billones de euros. En 2018 tuvo una baja considerable de sus acciones en la bolsa de Nueva York.

▪ OMNICOM GROUP: REESTRUCTURACIÓN Y ESTRATEGIA

Omnicom Group, inició sus actividades en 1986. Está formado por un conglomerado de origen estadounidense. Preside el segundo escalón del ranking mundial, aunque en sus comienzos fueron complicados. Tuvo que deshacerse de diversos negocios y apostar su expansión en Europa para ganar competitividad frente a la rivalidad nacional. Finalmente se expandió por todo el globo y aumenta sus ingresos exponenciales año tras año. Entre los grupos de comunicación que incluye destaca BBDO, DDB, Proximity, TBWA, Resolution Media, Interbrand, el propio Omnicon Media Group y Ketchum, entre otras agencias. En 2017 facturó 15 billones de euros.

▪ PUBLICIS WORLDWIDE: LÍDERES EN RENTABILIDAD

Este grupo empresario se fundó en 1926. En la segunda posguerra, se convirtió en una de las corporaciones más importantes de Francia. En este sentido, es considerado por el gobierno de ese país como una de sus industrias clave. Publicis Worldwide se localiza en el tercer puesto en cuanto a ingresos. Sin embargo, la rentabilidad la coloca como ganadora. Su imagen mejoró notablemente gracias a la actividad ininterrumpida durante la segunda guerra mundial. En 2013, intentó absorber a Omnicom Group, lo que finalmente no consiguió. Entre las compañías que la estructuran podemos enumerar a Saatchi & Saatchi, Publicis Health, Zenit,

Leo Burnett, Starcom y Publicis Worldwide. En el 2017 alcanzó una facturación de aproximada a los 11 billones de euros.

▪ INTERPUBLIC GROUP: MCCANN ERICKSON Y SU INFLUENCIA

Interpublic Group nació como McCann Erickson en 1930. En el año 1961, se la renombró con su nombre actual. Así se constituyó el conglomerado más complejo, bajo esta nueva denominación. A pesar de enfrentarse a un escándalo en 2002 tras ser inculpado por falsear sus cuentas, salió hacia adelante. En la actualidad, se posiciona en un merecido cuarto lugar y aumentó su beneficio neto en 2016. Además de McCann, cuenta con otros negocios como MediaBrands, Mullen Lowe o Axis Agency, FCB, Campbel Ewalld, ID Media, Initiative, Magna y Media Brand AP. Al 2017 facturó casi 8 billones de euros.

▪ DENTSU

Es conocido como el gigante japonés. La única corporación asiática de toda la lista. Los telégrafos marcaron sus primeros pasos en 1906, hasta salir a la bolsa de Japón en 2001 y adquiere Aegis Group. Dentsu, ha mejorado sus beneficios desde entonces y se ha colocado entre los grandes del Occidente. Su veloz y progresivo crecimiento amenaza al resto de conglomerados de comunicación. Las agencias de publicidad y relaciones públicas más renombradas que incorpora son Carat o Merkle. Además, encontramos a Isobar, Dentsu, Gravity Media y 360 i. Su facturación en 2017 fue de 7 billones de euros.

Cabe señalar que José Antonio Alguacil, empresario y director creativo español, destacó lo siguiente:

> «Otro gran mercado publicitario, lo constituyen las agencias independientes. En el siglo XXI, han ingresado con grandes oportunidades, con tecnología, conocimiento e innovación para sus clientes». [www.fefo.es]

Conclusiones

La publicidad moderna y el legado de Bretton Woods

«Si bien no llegó a materializarse institucionalmente en el corto plazo, el gran legado de la conferencia fue el compromiso de terminar con el proteccionismo y fomentar la apertura comercial.»

La segunda Guerra Mundial, una de las mayores calamidades en la historia de la humanidad estaba llegando a su fin. La rendición del Eje —Alemania, Italia y Japón— se produciría al año siguiente. En julio de 1944, ya se sabía que el desenlace era inevitable. Por eso, la atención se desplazaba de los campos de batalla a los suntuosos salones del gran hotel. Allí se diseñaba el nuevo orden mundial de posguerra. Superadas las diferencias de los 730 delegados de la conferencia, recordemos que se acordó establecer dos nuevas instituciones: el Fondo Monetario Internacional (FMI) que supervisaría los tipos de cambio y proporcionaría divisas de reserva a los países con déficit en su balanza de pagos y el Banco Internacional de Reconstrucción y Fomento. Hoy conocido como Banco Mundial, que sería el responsable de prestar asistencia financiera para la reconstrucción de los países asolados por la guerra. Su misión era impulsar el progreso económico de los países menos desarrollados. El FMI entró en vigencia en diciembre de 1945, cuando sus primeros veintinueve países miembros firmaron el Convenio Constitutivo. Los mismos se comprometieron a mantener sus monedas a un cambio fijo, pero ajustable (dentro de una banda del 1%) con el dólar. Esta moneda quedó fijada al patrón oro, a un precio «inamovible» de 35 dólares por onza de dicho metal precioso. Por otra parte, se incentivó el consumo de bienes y servicios, de manera tal, comenzar a mover de nuevo la rueda de la economía y el comercio. Indudablemente esta política favoreció el índice de generación de empleo. El Estado de Bienestar estaba en marcha, el consumo favorecía las inversiones, el crecimiento de las empresas y el desarrollo de los grandes emporios de medios masivos de comunicación con eje en la expansión de la televisión en los hogares. Esa gran penetración mediática, esa ventana abierta para al mundo y para el ciudadano de a pie, fue un terreno fértil (como un efecto en cadena) para las grandes campañas publicitarias y detrás de la misma de las inversiones millonarias en ese sentido. La gran industria publicitaria recibía así, los beneficios de los acuerdos de la gran cumbre. Para fines de los años cincuenta, el sistema de Bretton Woods estaba vigente y completamente consolidado. Los dorados años 60 afianzarían el crecimiento de las megas estructuras publicitarias a nivel global, como se detalló en este trabajo.

Pero no todo era un lecho de rosas. Todo esto y mucho más, estaba sujeto al rol central de los Estados Unidos. Este país, como una de las dos superpotencias mundiales (la otra era la exURSS), tenía la responsabilidad de mantener el precio del oro fijo y ajustar la oferta monetaria de dólares, de forma que perdurara la confianza en su moneda, gracias a la convertibilidad de la misma en oro. Sin embargo, las políticas económicas y monetarias estadounidenses provocaron que, la enorme cantidad de dólares circulantes en el extranjero, ya no estuvieran garantizados por el oro de sus reservas. De este modo, no podían cumplir con la obligación de canjearlos por oro, al precio establecido. Así que el 15 de agosto de 1971, el presidente Richard Nixon puso fin a la convertibilidad del dólar en oro, de forma unilateral.

Por consiguiente, con esta decisión, los acuerdos de Bretton Woods eran de facto, papel pintado y el consenso internacional alcanzado en 1944 volaba en pedazos. Sin embargo, las instituciones de origen, FMI y BM, seguirían funcionando hasta nuestros días.

La crisis internacional del petróleo de 1973, indirectamente repercutió negativamente en algunos *holdings* publicitarios. Aumentó el costo de los derivados del hidrocarburo, hubo inflación, subieron los precios de productos terminados, bajó el consumo y por ende la inversión publicitaria de las empresas anunciantes también, hasta que aclarase. A la postre, se redujeron los *staff* de agencias. Algunos de ellos comenzaron a trabajar en forma independiente, otros en duplas creativas y con el tiempo fueron fundando sus propias agencias. Lentamente, la Publicidad iba mutando, a la par de los cambios del mundo. Esto demuestra a las claras que jamás fue ajena a los vaivenes de la economía. Hoy tampoco lo es, pero los escenarios son muy diferentes, los entornos digitales dominan la actividad. La Publicidad moderna fue dando paso a la Publicidad contemporánea. Pero esa es otra historia.

> «Los acuerdos de Bretton Woods fueron importantes, porque representaron la primera vez que los gobiernos de todo el mundo se comprometieron con un orden monetario y financiero global, que se centró en una especie de multilateralismo liberal institucionalizado que debía ser compatible con varios tipos de gestión pública activa de la economía. Este nuevo principio tuvo un gran impacto en la economía mundial de posguerra y pronto se aplicó a la gobernanza del comercio internacional».
>
> ERIC HELLEINER, profesor de economía política internacional en la Universidad de Waterloo, Canadá.
> (*Infobae*, 17 agosto de 2021)

Apéndice

Grandes agencias y grandes publicitarios argentinos

Como destaca Alberto Borrini en su libro *1898-1998: Los Cien años de la Publicidad Argentina*, la misma, nació casi en paralelo con la historia nacional. El editor e inmigrante austríaco Juan Ravenscroft, en 1898 fundó, la que se considera como primera agencia de publicidad de la Argentina. Lo hizo después de firmar un contrato con las compañías inglesas que manejaban los ferrocarriles en nuestro país. La propuesta era comercializar espacios de publicidad en las estaciones y en el interior de los vagones. Recordemos que la primera campaña publicitaria es anterior a este hito. Se registra en 1864 con un aperitivo, el licor de naranjas Hesperldina, que aun hoy se comercializa. El éxito resultó enorme en una Buenos Aires que tenía sólo 140.000 habitantes; la gente se volcó a los almacenes, bares y farmacias para comprarlo:

«Hesperidina fue también la primera marca patentada y en emplear el recurso mucho después llamado *teaser* (anuncio con intriga y suspenso, que no revelaba de entrada la marca o el producto). ‹Se viene Hesperidina›, escribían astutamente los mensajes callejeros. Nadie sabía de qué se trataba, hasta que semanas después, Bagley, el fabricante, reveló que era un aperitivo hecho con cáscara de naranjas amargas».

Con el tiempo, en los botiquines familiares ya había Cafiaspirina, Cirulaxia y Linimento Sloan; en el tocador de las mujeres resaltaban las cremas Ponds, Hinds, la lavanda Atkinsons y el jabón Lux, que, según la publicidad internacional, aunque en cada país la respaldaban celebridades locales, usaban «Nueve de cada diez estrellas» de Hollywood (Borrini, 2016).[1] Del mismo modo, aparecieron avisos publicados en los primeros medios gráficos porteños, como en *La Gaceta* de principios del siglo XIX. Por aquel entonces, Buenos Aires era apenas, un puerto colonial que se proyectaba como incipiente gran aldea, donde ya soplaban vientos independentistas. El primer periódico por estas tierras fue *El Telégrafo mercantil*, que aparece por primera vez en el año 1801 e incluye un par de anuncios. Estos antecedentes se relacionan con el comienzo de los medios gráficos franceses e ingleses a fines del siglo XVIII y comienzos del XIX, que se dieron gracias a los grandes cambios tecnológicos en las artes gráficas que trajo la Revolución Industrial. A fines del siglo XIX, ya existían *La Prensa* (1869) editada por José C. Paz, *La Nación* (1870) con Bartolomé Mitre como su editor-director, y *Caras y Caretas* en 1898 (García, Labella y Rodríguez

---

[1] Diario *La Nación*, 25 de abril de 2016. Ver en ‹https://www.lanacion.com.ar/economia/anuncios-en-el-recuerdo-la-historia-de-las-primeras-marcas-y-los-avisos-de-la-argentina-nid1892021/›.

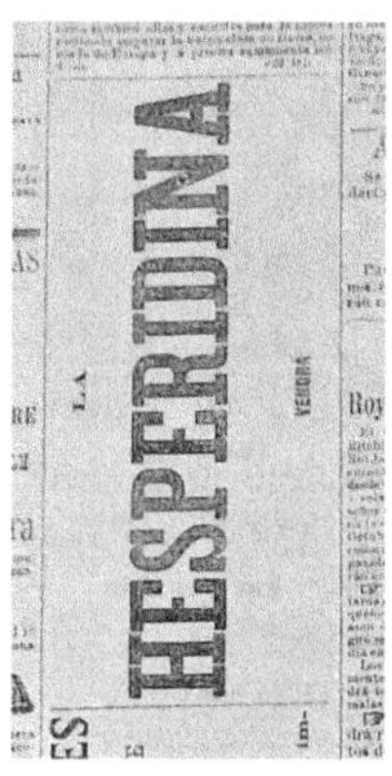

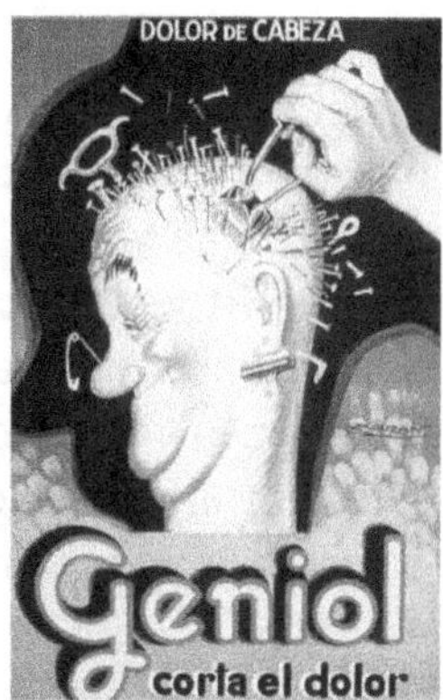

MARENGO, 2006). Por ese entonces también ya circulaban otras publicaciones como *La Moda* y *El Mosquito* orientado al humor político.

En el año 1927, Federico Vitale crea el Círculo Argentino de la Publicidad y en 1933 se funda la Asociación Argentina de Agencias de Publicidad (AAAP). A principios de esa década, la agencia de publicidad Exitus, trae al país al francés Lucien Achilles Mauzán autor de la cabeza de Geniol.

«La sociedad de consumo con mayúsculas nació a fines del siglo XIX a nivel local», cuenta Fernando Rocchi, director del Departamento de Historia de la Universidad Torcuato Di Tella. Rocchi,[2] es un especialista en seguir las pautas de consumo masivo a través del tiempo. Para el caso, explica que, entre 1877 y 1910, como resultado de la inmigración masiva y del boom exportador, la población argentina se triplicó. A su vez se volvió dos veces y media más rica. Hubo cambios cualitativos muy importantes. En

2 Ver en ‹https://www.utdt.edu/ver_nota_prensa.php?id_nota_prensa=573&id_item_menu=6›.

aquel entonces la Argentina se transformó en uno de los países con mayor consumo per cápita de cigarrillos del mundo. Las ventas de cerveza aumentaron ocho veces entre 1891 y 1913, cuando Bieckert y la familia Bemberg, con Quilmes, desplazaron definitivamente del mercado a las marcas importadas. Las empresas de consumo masivo, ya para la década del 20, tienen un 10% de sus costos tomados por la publicidad.

Luego de los acuerdos de Bretton Wood: sus efectos en Argentina

Haciendo un salto temporal en dicha descripción anterior, volvemos al contexto global de la segunda posguerra. Entender el mismo, *a posteriori* de las directrices precisadas en Bretton Woods, con el liderazgo indiscutido de Estados Unidos en Occidente, nos ayuda a vislumbrar como estos concordatos, han gravitado en nuestro *modus vivendi* y en el establecimiento de un nuevo orden mundial. Este reacomodado *mapa mundi* intervino en todos los órdenes del quehacer cotidiano: político, militar, ideológico, cultural, social y económico. Específicamente en nuestra actividad profesional y en el concierto de los alineamientos con agencias internacionales, resultó en el fortalecimiento y el crecimiento del negocio publicitario a nivel local y global, como se describió en capítulos anteriores. Las mega agencias de publicidad que facturaban millones de dólares en el mundo entero, eran ya una realidad, sobre todo desde principio de década de los años 50. El auge de los grandes medios de comunicación que se instalaban en los hogares del ciudadano común, eran el andamiaje perfecto de tamaña bonanza. Si bien la guerra había dejado secuelas irreparables en costo de vidas humanas perdidas, era el momento de mirar el futuro con mayor esperanza y dejar atrás las penurias atravesadas. El *American Dreams* estaba en marcha, Europa iba camino de la reconstrucción y al establecimiento de un promisorio Estado de Bienestar.

Para el caso, Argentina fue una meca deseada por muchas agencias de publicidad y *holdings* del sector. En este orden de cosas, los publicitarios argentinos siempre han sido reconocidos profesionalmente a lo largo del planeta. Particularmente he trabajado en agencias fuera de nuestro país y puedo dar testimonio de ello. En muchas oportunidades, me he encontrado con gran cantidad de colegas que se desempeñaron y se desempeñan exitosamente en el exterior. Como siempre digo (parte en broma y parte muy en serio), la Argentina ha provisto de publicitarios, futbolistas, psicólogos y científicos a todo el mundo.

Más allá de las agencias nacionales y extranjeras que se han gestionado en forma autónoma e independiente en nuestro país, desde aquella época, muchas agencias de publicidad argentinas en su derrotero y evolución, han concretado alianzas estratégicas con agencias internacionales. Sobre todo, desde mediados del siglo XX. Muchos de estos maridajes, han sido siempre muy dinámicos en el tiempo. Este tipo de sociedades, han durado más y otras menos, dependiendo del contexto, del tipo de convenio y del modelo de negocios.

Aquí cito como ejemplo, algunas alianzas históricas que recuerdan aquellos convenios entre agencias argentinas y extranjeras. La mayoría de ellas concentradas en la Ciudad de Buenos Aires como epicentro de la actividad publicitaria nacional: Cícero/Ted Bates, David Ratto/BBDO, Solanas/Ayer, Lintas Colonesse o Vega Olmos-Ponce/APL [Amiratti Puris Lintas], Casares Grey, Lutrec Nazca, Saachi & Sacchi, Pragma FCB, Rainuzzo DDB, Savaglio TBWA, Bozell Vázquez, Publicis Capurro, Johnson Benton & Bowles y Ortiz Scopessi con Ogilvy & Mather. Para finalizar este breviario, vale señalar que por el año 1988,

Darío Straschnoy fusionó su agencia «Funes, Straschnoy, Dreyfus» con Young & Rubicam Argentina. Esta última, años después fue absorbida por WPP; uno de los grupos en servicios de comunicaciones más grandes del mundo.

Todo lo mencionado quiere ser una síntesis, que ilustra algunas de las fusiones que existieron en la historia de la publicidad nativa de la centuria pasada.

Los actores

Sin ánimos de olvidarme de muchos profesionales que hicieron grande a la publicidad argentina, solo menciono algunos nombres y apellidos que, para el caso, representan a todos ellos. Podemos evocar entre otros, a pioneros y referentes para las generaciones venideras, como lo son y serán: Ricardo Pueyrredón, Castignani y Burd, Carlos Alberto Méndez Mosquera, David Ratto, Hugo Casares, Federico Ortiz, Miguel Daschuta, Alberto Scopesi, Oscar Marcovecchio, Luis y Enrique Yuste, Gianni Gasparini y Raúl Salles, Darío Straschnoy, Horacio Diez, Ricardo De Luca, Pablo Gowland, Juan C. Colonesse, Alberto Borrini y, por qué no, hasta el controvertido y uno de los creativos publicitario más premiados y reconocidos, Gabriel Dreyfus. Ellos, son algunos de los personajes que tejieron y forman parte merecidamente de la historia de la Publicidad Argentina. Se debe destacar que en los años noventa hay una renovación en la industria publicitaria, con una talentosa generación de recambio con creativos como: Ramiro Agulla, Carlos Baccetti, Hernán Ponce y Pablo Del Campo, entre otros.

Cada uno de ellos en su época, le imprimieron su sello personal con clara identidad argenta, convirtiendo así, a nuestra publicidad en una de las más destacadas, premiadas y creativas a nivel mundial.

«... entre los '60 y los '80 las agencias de publicidad locales, se multiplicaban junto a las filiales de agencias internacionales en ese triángulo dorado entre el Instituto Di Tella, el Florida Garden y el Bajo, con la Avenida 9 de Julio como límite de esta nueva tierra prometida. La publicidad argentina se arma en esos años de 'revolución creativa' con escritores y poetas cachorros, con artistas plásticos iniciando sus primeras muestras, con aspirantes a cineastas y dramaturgos, que transitaban entre esos lugares y las agencias donde trabajaban sin solución de continuidad. Una ruta que, como flamante cadete de dieciséis años en J. W. Thompson, la primera agencia internacional en instalarse en la Argentina, el escritor Guillermo Saccomanno conocía bien: lo interesante para un pibe que empezaba era que te encontrabas con figuras creadoras importantes, yo luego llegué a hacer comerciales, por ejemplo, con Manuel Antín. Por la publicidad en esa época pasaron artistas como Carlos Gorostiza, Luis Puenzo, Juan José Jusid, Carlos Trillo, Alberto Ure, Hermenegildo Sábat, Baby López Furst, Alejandro Dolina, Rómulo Macció, Ana María Shua...».[3]

Slogans memorables que quedaron en el imaginario social

- **TENGA FE EN FEDERAL,** 1945
- **CONTRA PECHO Y ESPALDA, PASTILLAS VALDA**
  Pastillas para la tos, 1945
- **Y EN LOS PIES DE TODOS LOS CHICOS, MEDIAS CARLITOS,** 1947
- **LA MARCA DEL MEDIO PUNTO**
  Calzados Grimoldi, 1947

---

[3] Ver en ‹http://yeahargentina.com/los-anos-dorados-y-tanto-de-la-publicidad-argentina/›.

- **NO DIGA HOLA, DIGA OLAVINA**
  Aceite Olavina
- **FERNET BRANCA. ÚNICO EN EL MUNDO,** 1950
- **RINSO LAVA MÁS BLANCO,** 1951
- **¿QUIÉN VINO?: VINO PÁNGARO**
  Vino común de mesa, 1960
- **PEINES PANTERA. PEINAN LA VIDA ENTERA,** 1956
- **OJALÁ QUE SEA LA HOJA**
  Yerba Mate, 1960
- **¿CÓMO LE LLAMAN?: LA INTERMINABLE...!**
  Gillete, años 60
- **MEJOR MEJORA MEJORAL**
  Aspirinas, 1962
- **HAGAN COLA CON REFRESCOLA, LA BEBIDA POPULAR**
  Refresco, 1960
- **¿A QUÉ HORA COMEMOS? A LAS 12 Y QUILMES**
  Cerveza Quilmes, 1963
- **POR LA VIDA CONTENTO VOY, SABOREANDO EL RICO MANTECOL**
  Pasta de maní Mantecol, 1965
- **JOCKEY CLUB: LA PURA VERDAD**
  Cigarrillos, 1968
- **MEJOR UN CINZANO,** 1969

- **LM, MARCA SU NIVEL**
  Cigarrillos, 1970
- **PASO DE LOS TOROS: AROLLA LA SED**
  Gaseosa, 1970
- **PORQUE EN EUROPA NO SE CONSIGUE**[4]
  Calzado deportivo marca Interminable, 1972
- **HACEME SHOCK**
  Jabón de tocador Cadum
- **EL CIGARRILLO DE LAS DESVENTAJAS**
  Benson & Hedges, 1975
- **RESISTE A PIE FIRME**
  Zapatillas Pampero, 1976
- **CARO, PERO EL MEJOR**
  Televisores Gründig, 1980
- **HITACHI, QUÉ BIEN SE TE VE**
  TV Hitachi, 1980

[4] Ver spot publicitario en ‹https://www.youtube.com/watch?v=cH-vM-sNMytU›.

BIBLIOGRAFÍA CONSULTADA

ADORNO, T. y MORIN, E. (1967). *La industria cultural*. Buenos Aires: Galerna.

ANAUT, N. (1990). *Breve historia de la Publicidad*. Buenos Aires: Claridad.

ARANCIBIA, V. (2012a). *Nacionalidad, territorios y memorias. La disputa por la significación*. Salta: Sede Regional UNSA.

AUGÉ, M. (1993). *Los no lugares. Espacios del anonimato: Antropología sobre la modernidad*. Barcelona: Gedisa.

BARTHES, R. (1993). «El mensaje Publicitario», en *La aventura semiológica*. Madrid: Paidós Comunicación.

——, (1986). «Retórica de la imagen», en *Lo obvio y lo obtuso*. Barcelona: Paidós Comunicación.

BAUMAN, Z. (2007). *Modernidad líquida*. Buenos Aires: Fondo de Cultura Económica.

BLOCK DE BEHAR, L. (1976). *El Lenguaje de la Publicidad*. Buenos Aires: Siglo XXI Editores.

——, (1969). *Análisis de un lenguaje en crisis*. Montevideo: Nuestra Tierra.

BORRINI, A. (2000). *Los 100 años de la Publicidad Argentina: 1898-1998*. Buenos Aires: Ateneo.

BOURDIEU, P. (2002). *Pensamiento y acción*. Buenos Aires: Libros del Zorzal.

——, (2003). *Campo de poder, campo intelectual*. Buenos Aires: Quadrata.

BUSH, T. (1999). *Sistemas Tecnológicos: Contribuciones a una Teoría General de la Artificialidad*. Buenos Aires: Aique.

CEBRELLI, A.; ARANCIBIA, V. (2005). *Representaciones Sociales. Modos de ver y de hacer. Un acercamiento al problema de las prácticas, los discursos y las representaciones. Travesías latinoamericanas de la comunicación en la cultura*. Buenos Aires: Fondo de Cultura Económico.

COOPER, A. (2006). *Planning: Cómo hacer el planeamiento estratégico de las comunicaciones*. Madrid: APG/Thomson.

CHARTIER, R. (1999). *El mundo como representación*. Estudios sobre historia cultural. Barcelona: Gedisa.

CHETOCHINE, G. (1996). *La derrota de las marcas: cómo evitarla.* Buenos Aires: Asociación Argentina de Marketing.

DEBORD, G. (2012). *La Sociedad del Espectáculo.* Buenos Aires: La Marca.

DI TELLA, T. y otros (1989). *Diccionario de Ciencias Sociales y Políticas.* Buenos Aires: Punto Sur.

DÍAZ, E. (2005). *La Filosofía de Michel Foucault.* Buenos Aires: Biblos.

DOMENACH, J. M. (1986). *La Propaganda Política.* Buenos Aires: Eudeba.

DRU, J. M. (1999). *Disrupción: desafiar los convencionalismos y estimular el mercado.* Madrid: Eresma & Celeste.

ELÍADE, M. (1983). *Mito y realidad.* Barcelona: Labor/Omega.

FERNÁNDEZ-ARMESTO, F. (2011). *1492: El nacimiento de la modernidad.* Penguin Random House.

GOFFMAN, K. (2005). *La contracultura a través de los tiempos.* Barcelona: Anagrama, 2005.

GOMIS, L. (1991). *Teoría del Periodismo: Cómo se forma el presente.* Buenos Aires: Paidos Comunicación.

GONZALEZ LOBO, M.; CARRETERO LÓPEZ, E. (1999). *Manual de Planificación de medios.* España: ESIC.

GRIMSON, A. (2000) «Campos de interlocución», en *Interculturalidad y comunicación.* Buenos Aires: Norma.

HALL, S. (2003). «Introducción: ¿Quién necesita identidad?», en HALL, S.; DUGAY, P. *Cuestiones de identidad.* Buenos Aires: Amorrortu.

HARVEY, D. (1998). «La experiencia del espacio y el tiempo», en *La condición de la posmodernidad.* Buenos Aires: Amorrortu.

HOBSBAWM, Eric (1998). *Historia del Siglo XX.* Buenos Aires: Planeta.

IBÁÑEZ, T. (1998). *Ideologías de la vida cotidiana. Psicología de las representaciones sociales.* Barcelona: Sendai.

IPARRAGUIRRE, S. (2001). *La Tierra del Fuego.* Buenos Aires: Aguilar.

JODELET, D. (1986). «La representación social: fenómenos, concepto y teoría», en MOSCOVICI, S. (ed.), *Psicología Social II: Pensamiento y vida social.* Barcelona: Páidos.

KATZ CHAIM, S. y otros (1988). *Diccionario básico de comunicación.* México: Nueva imagen.

KREIMER, J. y TELLO, N. (2003). *Diccionario de movimientos del siglo XX.* Buenos Aires: Longseller.

LAZARFELD, MERTON, MORIN y otros (1977). «Aproximaciones a la expresión publicitaria», en *La Comunicación de masas.* Buenos Aires: Centro Editor de América Latina.

MANNING, M. J. (2004). *Historical Dictionary of American Propaganda.* Greenwood Publishing Group.

Marafioti, R. y otros (1995). *Los significantes del consumo.* Buenos Aires: Biblos.

Margariños de Morentín, J. A. (1991). «La organización del contexto en el mensaje publicitario», en *El mensaje publicitario. Nuevos conceptos sobre semiótica y publicidad.* Buenos Aires: Edicial.

——, (1996). *El Mensaje Publicitario. Nuevos ensayos sobre semiótica y publicidad.* Buenos Aires: Edicial.

Martínez, H.N. (1998). *La Empresa Publicitaria: Su organización y administración.* Buenos Aires: Macchi.

Mintzberg, H.; Brian Quinn, J. (1995). *El Proceso estratégico.* México: Prentice Hall.

Moliné, M. (2000). *La fuerza de la publicidad.* Madrid: McGraw-Hill.

Morrisey, G. L. (1996). *Pensamiento estratégico.* México: Prentice Hall.

Moscovici, S. (1979). *El psicoanálisis, su imagen y su público.* Buenos Aires: Editorial Huemul.

Ogilvy, D. (1988). *Confessions of an Advertising Man.* USA: Atheneum.

——, (1983). *Ogilvy on Advertising.* Toronto: John Wiley and Sons.

Pezzani, C.(2018). *Usted puede sanar su agencia: Claves para el éxito del negocio publicitario en la Era Digital.* Buenos Aires: Metrópolis.

Pierre, M. (2000). *1960-1970: Los tiempos cambian.* Barcelona: Ediciones B.

Piscitelli, A. (1995). *Ciberculturas en la Era de las máquinas inteligentes.* Buenos Aires: Paidós.

Ries, A.; Trout, J. (1982). *Posicionamiento, la batalla por su mente.* México: Mc Graw Hill.

Roig, F. (2002). *La Comunicación directa: Nuevos enfoques, nuevos escenarios.* Buenos Aires: Ediciones de las Ciencias.

——, (2011). *La Estrategia Creativa. Relación entre concepto e idea.* Buenos Aires: Ediciones Infinito.

Roman, K. (2009). *The King of Madison Avenue.* Palgrave Macmillan. Basingstoke, Hampshire, England.

Russell, J. T.; Lane, W. R. (2001) *Keppner Publicidad.* México: Prentice House.

Sartori, G. (2000). *Homo videns: La sociedad teledirigida.* Buenos Aires: Taurus.

Soler, P. (2001). *La Estrategia de Comunicación en la Publicidad y las Relaciones Públicas.* Barcelona: Gestión 2000.

Soriano, C. (1990). *La estrategia básica de marketing.* España: Díaz de Santos.

Tellis, G.; Ambler, T. (2006). «El manual de publicidad de SAGE», en Tellis, G.; Ambler, T. (eds.). *El manual de publicidad de SAGE*. Publicaciones SAGE.

Terry, D. (1994). *David Ogilvy in The Ad Men & Women*, Edd Applegate, ed., Greenwood, Westport.

Verón, E. (2013). *La Semiosis Social/Fragmentos de una teoría de la discursividad*. España: Esic.

Virilio, P. (1996). *El arte del motor: Aceleración y realidad virtual*. Buenos Aires: Manantial.

Watzlawick, P. (1979). *¿Es real la realidad? confusión, desinformación, comunicación*. Barcelona: Herder.

——, y otros. (1993). *Teoría de la comunicación humana*. Barcelona: Herder.

Wolf, M. (1987). *La Investigación de la Comunicación de Masas: Crítica y perspectiva*. Buenos Aires: Instrumentos Paidós.

Yaccar, M. A. (2013, abril, 6). «Entrevista a Gianni Vattimo», *Página 12*, Sección / Cultura y Espectáculo.

FUENTES WEB

Agamben, G. (2012). *¿Qué es lo contemporáneo?* Recuperado de: ‹https://etsamdoctorado.files.wordpress.com/2012/12/agamben-que-es-lo contemporaneo.pdf›.

Asociación Española de Profesionales de compra de medios (2015). *Guía técnica para la contratación de servicios de marketing y publicidad*. En ‹https://www.agenciasdemedios.com/wp-content/uploads/Guia-tecnica-marketing-publicidad.pdf›. Barcelona: AERCE.

Castillo Esparcia, A.(2010). *Introducción a Las Relaciones Públicas*. España: Instituto de Investigación en Relaciones Públicas. Recuperado de ‹https://www.uma.es/media/files/libropr_1.pdf›.

Estefanía, J.(2019.) *El duelo que marcó Bretton Woods*.Recuperado de ‹https://elpais.com/elpais/2019/07/19/ideas/1563543952_106120.html›.

Ferrari, M. A. (2011). *Historia y trayectoria de las Relaciones Públicas en Brasil*. Ed. Universidad de San Pablo. En ‹www.Dialnet-HistoriaYTrayectoriaDeLasRelacionesPublicaEnBrasi-3692439.pdf›.

Freinacht Hanzi (2018). *¿Qué es el metamodernismo y por qué te debería importar?* Recuperado de ‹https://elcerebrohabla.com/

2018/08/21/que-es-el-metamodernismo-y-por-que-te-deberia-importar/›.

Hiott, A. (2012). *Thinking Small: The Long, Strange Trip of the Volkswagen Beetle*. En ‹https://www.penguinrandomhouse.com/books/201570/thinking-small-by-andrea- hiott/›.

Jiménez Bermejo, D. (2019). *Los acuerdo de Bretton Woods*. Recuperado de ‹https://economipedia.com/definiciones/acuerdos-de-bretton- woods.html#:~:text=Los%20acuerdos%20de%20Bretton%20Woods,entre%20los%20pa%C3%ADses%20 m%C3%A1s%20industrializados›.

Kaplinsky, R.; Morris, M. (2009). *Manual de investigación para cadena de valor.* Recuperado de ‹https://proyectaryproducir.com.ar/wp-content/uploads/2010/04/Kaplinsky-Manual-completo-Rev-4- 2010doc.pdf›.

Kersten, D.; Wilbers, U. (2018). *Introduction: Metamodernism. English Studies*, 99(7). En ‹http://doi.org/10.1080/0013838X.2018.1510657›.

Lefere, R. (2000). *Borges ante la noción de posmodernidad*. Recuperado de ‹https://www.borges.pitt.edu/sites/default/files/0911.pdf›.

Roig, F. (2015). *Territorios y Fronteras de la Publicidad*. Universidad Nacional de Quilmes, Bernal: Repositorio Institucional. Disponible en ‹http://ridaa.demo.unq.edu.ar›.

BIBLIOGRAFÍA ANEXA

García, Labella, Rey, Rodríguez Marengo (1987). *Panorama Histórico del Diseño Gráfico Contemporáneo*. Buenos Aires: CP67.

Meggs, P. (2000). *Historia del Diseño Gráfico.* México: Trillas.

Tobelem, M. (2001). *Historia de la publicidad argentina,* s/d.

‹www.hesperidina.com›.

‹http://www.facebook.com/pages/Hesperidina/190306225297›.

‹www.recordados80.com.ar›.

‹http://www.clarin.com/suplementos especiales/2006/03/24/l-01164192.html›.

SOBRE EL AUTOR

■ **FERNANDO A. ROIG**

Posee una dilatada trayectoria profesional y académica. Estudió Licenciatura en Publicidad en la Universidad Nacional de Lomas de Zamora. Es Licenciado en Educación con orientación en Diseño Curricular, egresado de la Universidad Nacional de Quilmes. En la misma institución, alcanzó el título de posgrado como Especialista en Humanidades y Ciencias Sociales con mención en Comunicación. En Flacso obtuvo el postítulo en Constructivismo y enseñanza de las Ciencias Sociales. Tiene numerosos cursos de actualización disciplinar. Premio 2006 a la Vocación académica, otorgado por la Fundación El Libro, junto a otros premios literarios y profesionales.

En su producción académica incluye: *Comunicación directa: Nuevos conceptos y nuevos escenarios* (Ediciones de las Ciencias, 2002) y *La Estrategia Creativa: Relaciones entre concepto e idea* (Ediciones Infinito, 2011). Fue Director de grado y Director de posgrado en la Especialización en construcción de Marcas en UCES y Director de carrera en ESEADE. Docente en UBA y otras universidades privadas. Profesor invitado en la Escuela Politécnica de Ecuador (Espol) en la Maestría en Marcas. Tutor y evaluador de tesis. Actualmente es coordinador de carrera en ISEC. Dictó seminarios temáticos en Colombia, Perú, Ecuador y Uruguay. A nivel profesional se inició en 1981 en la agencia J. Walter Thompson, pasando por Lintas Buenos Aires y otras agencias y medios de comunicación. Fue director creativo en Rivas Herrera / Young & Rubicam y Foote, Cone & Belding de Ecuador, trabajando para varios países de América Latina. Actualmente es responsable de contenidos en la agencia Editorial Producciones Martín Sáenz y 3C Estudio de Diseño. Jurado invitado en diferentes certámenes, como en los Premios Obrar del Consejo Publicitario Argentino.

www.ingramcontent.com/pod-product-compliance
Lightning Source LLC
LaVergne TN
LVHW050551160826
845677LV00011B/2268

* 9 7 8 9 8 7 3 9 7 0 2 6 9 *